跨境电商

多平台运营 第4版
实战基础

易传识 | 易传识网络科技 主编
丁晖 赵岑岑 等编著

电子工业出版社·
Publishing House of Electronics Industry
北京·BEIJING

内 容 简 介

本书已经出到第 4 版了，前 3 版累计印数超 10 万册，已经成为跨境电商行业众多从业者、培训机构和院校学员的参考用书。这得益于本书的主要作者丁晖老师的丰富经验，他曾在阿里巴巴工作 5 年，拥有 5 年以上跨境电商行业从业经验和 10 年以上电商互联网课题教学研发、培训经验。

第 4 版图书更新的内容占总内容的 30%。作者一直力求做到让本书符合行业的一线最新情况，第 4 版图书保留了原结构目录，并且针对近年来行业和平台的变化，更新了部分平台规则、运营策略，力求结构分明，兼顾新手和老手的需要，一来让新接触跨境电商的"小白"读者能够快速了解跨境电商的知识全貌，并且按照需要自行阅读，二来让已经开始从事跨境电商的卖家在"不知道自己还不知道什么"的情景中，通过符合卖家工作逻辑的目录，快速定位与问题有关的可能板块，通过阅读书中的内容得到启发。

本书从实战操作的角度详细介绍跨境电商 B2C 出口零售，同时站在中国卖家的角度讲解向全球买家零售商品的各个细节。希望本书能够给读者带来启发。

图书在版编目（CIP）数据

跨境电商多平台运营：实战基础 / 易传识网络科技主编；丁晖等编著. -- 4 版. -- 北京：电子工业出版社，2024.8（2025.10 重印）.-- ISBN 978-7-121-48655-5

Ⅰ．F713.365.1

中国国家版本馆 CIP 数据核字第 2024B7V678 号

责任编辑：张彦红
文字编辑：戴　新
印　　刷：天津千鹤文化传播有限公司
装　　订：天津千鹤文化传播有限公司
出版发行：电子工业出版社
　　　　　北京市海淀区万寿路 173 信箱　　邮编：100036
开　　本：787×1092　　1/16　　印张：18　　字数：417.5 千字
版　　次：2015 年 7 月第 1 版
　　　　　2024 年 8 月第 4 版
印　　次：2025 年 10 月第 5 次印刷
印　　数：1500 册　　定价：79.00 元

前言

本书已经出到第 4 版了，前 3 版累计印数超 10 万册，已经成为跨境电商行业众多从业者、培训机构和院校学员的参考用书。

跨境电商 B2C 出口零售（以下简称跨境电商）至今已有 10 多年的历史，在本书第 1 版出版的 2015 年，我们展望了这个行业在此后 5 年的发展，如今回过头看，这些发展大部分都达到甚至超出了当时的预期。

很多读者常常向我们提问：跨境电商行业是不是瞬息万变的？听说每隔 2～3 个月就会更新规则和玩法，现在开始进入会不会太晚？

借本书前言，谈一下我们在今天这个时间点上的看法。

如上所说，在本书从第 1 版更新到第 4 版的近 10 年时间里，物流变化了，收款方式变化了，平台增加了，也有大体量融资案例了，但反观平台的操作部分，实际上核心逻辑并没有变化：在以二维平面视觉为主要表达方式的 Web 和 App 电商形式里，万变不离其宗的是"有限的屏幕空间"与"海量的商品信息"之间的矛盾，即如何帮助消费者快速地从海量的商品中匹配最符合其购物意愿的那一件，无论是基于搜索的亚马逊、阿里速卖通，还是基于推荐的 Wish，最终都需要在 1~10 个屏幕大小的页面上显示被筛选出来的候选商品，供消费者进行有限数量的选择，并进入选中商品的详情页面。

上述逻辑是限于技术和硬件的，大部分基于此的电商体系在短期内很难有大的改变，基于客户习惯培养、效率等因素，我们判断在未来 10 年，这仍旧是主流的电商模式，至少眼下我们没有看到有实力挑战目前电商模式的商用新技术方案。

所以，即便是在跨境电商已经发展了 10 多年的今天，我们仍然鼓励读者大胆地从事这个充满潜力的朝阳行业。事实上，在落笔前言的此刻，我们刚刚迎接了跨境电商从一个教学方向升级为一个独立高校专业的历史性时刻，更有新闻报道说新的一年已有 170 多所高校申报此专业，是这一轮新设专业申报数量最多的，这意味着跨境电商已经被社会和高校认可为一个将长期存在且大量缺少人才的上升行业。

读到这里，我们真心希望翻开此书的你，能坚定信心，至少跟着本书的指引，大胆尝试。

另外，更新这本书的工作量其实很大，要多方查漏、核对、编排，但是你看，我们不是已经把书更新到第 4 版了吗？而且，此刻，我们正着手开始第 5 版书稿的更新工作。我们一路走来，对跨境电商行业的信心越来越强，我们也希望能够把这份信心通过这本书传递给你——我们的新读者和跨境电商路上的同路人。

目录

第 1 章

跨境电商概论

学习目标：

- 正确理解跨境电商的定义
- 熟悉跨境电商的主要模式
- 了解跨境电商的发展历程
- 了解全球主要市场状况

1.1 跨境电商的定义

1.1.1 定义

跨境电子商务（Cross Border E-commerce），简称跨境电商。跨境电商是指分属不同关境的交易主体，通过电子商务平台达成交易、进行支付结算，并通过跨境物流送达商品、完成交易的一种国际商业活动。广义的跨境电商分为出口和进口两种贸易类型，出口跨境电商的代表有阿里巴巴全球速卖通（AliExpress，简称速卖通），进口跨境电商的代表有天猫国际。在本书中，我们所讨论的跨境电商仅指出口跨境电商。

1.1.2 主要模式

跨境电商的模式包括企业对企业（B2B），如阿里巴巴中国供应商平台，在该平台上，企业之间进行生产原材料和生产工具的交易，单笔交易订单金额大、采购数量多；企业对消费者（B2C），如阿里巴巴速卖通平台，该平台上交易的商品多为个人消费品，单笔交易订单金额小、采购数量少；个人对消费者（C2C），如 eBay 上有些卖家把自己的闲置物品发布在网站上进行交易，这类交易的特点是商品库存少、交易往往是一次性的。

本书所讨论的是 B2C 出口跨境电商模式的多平台运营技巧，以速卖通平台作为主要的叙述对象，因为速卖通平台是中国最大的出口 B2C 跨境电商平台，对于新手卖家来说相对容易上手操作，并且速卖通平台为卖家提供了丰富多样的运营工具，让卖家有更多自由发挥运营技巧的空间，从学习的角度更有利于读者全面理解和掌握跨境电商的原理与操作。

1.1.3 市场参与者

跨境电商行业涉及多个环节，从商品的选品、销售到物流配送，每个环节都有其专业的从业者。这些从业者共同构成了跨境电商的生态系统，互相依赖，共同发展。

1. 跨境电商卖家

卖家的主要工作是根据市场需求进行选品，管理供应链，确保货源稳定、成本可控，将商品数据上传网络并进行市场营销，引导消费者下单，并进行售前、售后等工作。

跨境电商卖家的主要商业模式是通过货物销售的价差赚取利润。卖家会选择在跨境电商平台上销售商品，也会通过自己建立的网络站点来销售商品。

2. 跨境电商平台

跨境电商平台属于市场管理者，主要的工作是维护平台稳定，提供良好的客户体验；审核商家资质，确保其合法性和信誉；提供支付、退款、纠纷处理等服务，保障交易安全。

平台的主要商业模式是从发生在平台上的交易中抽取一定比例的佣金，为商家提供广告服务，以及数据分析、物流解决方案等增值服务。

3. 物流机构

物流机构的主要工作是从卖家处收集货物，对货物进行打包、打标后运往目的国，办理货物的出口和进口手续，最后将货物配送到买家手中。

物流机构的主要商业模式包括按照货品重量收取物流费用，以及提供仓储、包装、退货等增值服务。

1.2　中国跨境电商的发展历程

起步阶段（2000—2008 年）：在本阶段，中国的跨境电商出口贸易刚刚起步，主要是传统的 B2B 模式。一些早期的跨境电商平台如阿里巴巴国际站（Alibaba.com）开始提供国际贸易服务，帮助中国企业寻找海外买家。

- 1999 年，阿里巴巴集团成立。最初，阿里巴巴中国供应商只是互联网上的黄页，将中国企业的商品信息向全球客户展示，定位于 B2B 大众贸易。买方通过阿里巴巴平台了解卖方的商品信息，然后双方在线下洽谈、成交，所以当时的大部分交易是在线下完成的。
- 2000 年前后，少量国内卖家开始在 eBay 和亚马逊等国外平台尝试跨境电商，但并没有形成规模。
- 2004 年，敦煌网在北京成立，区别于阿里巴巴中国供应商网上黄页的定位，敦煌网侧重于买卖双方在线完成交易，在敦煌网上发生的交易多数是小额 B2B 贸易。
- 2007 年，兰亭集势成立，它是整合国内供应链，以兰亭集势名义向国外销售商品的 B2C 平台。

快速发展阶段（2009—2014 年）：这个阶段是中国跨境电商出口贸易快速发展的阶段。随着国际电商平台的崛起，如阿里巴巴的淘宝国际和天猫国际，越来越多的中国小微企业开始利用这些平台将产品出口到全球各地。同时，中国政府也出台了一系列政策支持和措施，鼓励和促进跨境电商出口贸易。

- 2009 年，阿里巴巴速卖通成立，成立之初速卖通是以 B2C 和 C2C 为主要跨境贸易模式的。
- 2010—2014 年，国内跨境电商卖家队伍迅速壮大，不少卖家同时入驻 Amazon、eBay 等各类电商平台。
- 2013 年，Wish 平台上线；2014 年，中国卖家开始入驻 Wish 平台。

政策支持和政府引导阶段（2015—2017 年）：中国政府开始积极支持和引导跨境电商出口

贸易的发展。2015 年，中国设立了首个跨境电商综合试验区，提供了更便利的通关、物流和支付等环节的服务。同时，政府出台了一系列政策，包括简化海关手续、减免税费等，以促进跨境电商出口贸易的发展。

- 2015 年，国务院设立中国（杭州）跨境电子商务综合试验区；2016 年，将天津、上海、重庆、合肥、郑州、广州、成都、大连、宁波、青岛、深圳、苏州共 12 个城市设为第二批跨境电子商务综合试验区；2018 年，第三批试验区涵盖了 22 个城市，其中包括北京、沈阳、哈尔滨、石家庄、太原、呼和浩特、南京、杭州、福州、南昌、济南、郑州、武汉、长沙、广州、南宁、重庆、成都、贵阳、昆明、西安和兰州。
- 2016 年，阿里巴巴收购东南亚电商平台 Lazada，在东南亚与 Shopee 等平台展开竞争。
- 2017 年，"天猫出海"项目正式启动，将天猫平台上近 20 亿件国货商品卖向全球，服务在海外生活的近 1 亿名华人。

规范发展和监管加强阶段（2018 年至今）：随着跨境电商出口贸易规模的不断扩大，中国政府开始加强对该领域的监管和规范。2018 年颁布的《中华人民共和国电子商务法》在 2019 年 1 月 1 日开始实施，明确了跨境电商出口的经营主体、商品监管、税收等方面的规定。政府在产品质量和知识产权保护等方面也加强了监管力度。

作为一个全球性的行业，B2C 跨境电商贸易在未来有着良好的发展前景。以下是一些整体趋势和影响因素。

不断增长的全球电子商务市场：随着互联网的普及和全球物流的改善，全球电子商务市场规模持续增长。越来越多的消费者选择在线购物，跨境电商成为他们获取多样化产品和全球品牌的重要途径。

移动互联网和社交媒体的崛起：移动互联网的普及和社交媒体的流行使得消费者更加方便地进行在线购物，并通过社交平台获取产品信息和推荐。跨境电商平台也积极利用移动互联网和社交媒体来拓展市场和提供更好的购物体验。

供应链和物流的持续优化：跨境电商离不开高效的供应链和物流体系。随着技术和合作伙伴关系的不断发展，供应链和物流将进一步优化，缩短交货时间、提高配送可靠性和降低运输成本。

跨境贸易政策和合作的推动：各国政府和国际组织在促进跨境贸易方面加强合作，推出更加开放和便利的贸易政策。贸易协定、关税减免和贸易便利化举措能够促进跨境电商的发展，为企业提供更广阔的市场和更有利的贸易环境。

数据保护和消费者权益的重视：随着数据泄露和网络安全问题的增加，数据保护和消费者权益保护变得更加重要。跨境电商企业需要重视数据隐私和安全，加强对消费者的信任和保护，同时遵守各国相关的法律法规。

后疫情时代：跨境电商进入规模化和资本化发展。TikTok、SHEIN、拼多多等一些巨头企业投入跨境电商领域，成为跨境电商平台；跨境电商平台纷纷自建海外物流体系，全方位提升市场竞争力；跨境电商平台推出全托管模式，集中化运营，使流量价值最大化。

- 从 2015 年开始，菜鸟网络科技有限公司（以下简称"菜鸟"）就把"全球化"纳入公司核心战略，2019 年之后，"菜鸟"加速海外仓和海外物流网络的建设，在欧洲、北美、东南亚三大区域重点建设菜鸟海外网络。除了菜鸟，其他跨境电商平台如 Shopee、TikTok、SHEIN 等都在各自的重点国家市场自建物流体系。跨境电商进入物流提速增效的时代。

- 2023 年，全托管模式席卷整个跨境电商行业，速卖通、TikTok、Temu、SHEIN 跨境平台全部入局"全托管"模式，跨境电商开启全托管竞争。在全托管模式下，平台负责管理商品的定价、推广、销售、售后全过程，并要求供应商以最低成本提供货品，平台依靠自身的大数据算法向每位访客定制推送内容，以实现每个流量价值最大化。

1.3　跨境电商平台介绍

每个跨境电商平台针对的国家市场不同，针对的消费群体不同，对卖家的实力要求也有所不同，卖家应根据自身情况，选择适合的跨境电商平台销售商品。下面介绍一些中国卖家常用的跨境电商平台。

亚马逊在北美和欧洲都有很高的市场普及率，亚马逊的买家群体对商品品质和服务品质要求高，可以接受相对高一点的定价。亚马逊虽然是全品类的电商平台，但是数码、电器、玩具、工具、设备等标类产品类目明显更有优势，以上这些类目的卖家大部分都会选择亚马逊平台销售商品。

eBay 创立于 1995 年，其交易特色是可以使用"拍卖"方式来销售二手商品，也可以选择使用"一口价"方式销售商品。在中国跨境电商发展的早期，很多中国卖家选择在 eBay 上销售商品，2010 年之后，亚马逊和速卖通平台在市场上发力，导致 eBay 的市场份额减少，但目前 eBay 仍在北美和北欧占有一定的市场规模。

速卖通成立于 2010 年，隶属于阿里巴巴集团，是阿里巴巴集团 B2C 跨境业务平台。阿里巴巴的基因让速卖通更了解中国中小卖家，从诞生之日起就发挥中国供应商资源的优势，快速占领了一些海外市场。目前速卖通平台在全球 200 多个国家和地区都有买家，在俄罗斯、巴西、西班牙、法国等国家享有很高的市场知名度。

Wish 电商平台成立于 2011 年，由在美华人和伙伴于美国旧金山共同创立。Wish 创立之初的战略是广泛引入中国供应商，利用中国供应链优势占领美国消费市场。Wish 凭借其独特的推荐算法、广告策略和便宜的商品在短期内吸引了大量客户。

Lazada 创立于 2012 年，初衷是创建一个亚马逊式的在线零售平台，服务于东南亚市场，2016 年被阿里巴巴集团收购，成为阿里巴巴集团在东南亚电商业务的版块之一。Lazada 已经成为东南亚六个主要国家（印度尼西亚、马来西亚、菲律宾、新加坡、泰国和越南）的重要电商平台。

Shopee 在 2015 年创立于新加坡，主要服务东南亚及中国台湾的电子商务市场。得益于其移动优先的策略和友好的界面，Shopee 迅速在东南亚地区获得了客户的喜爱。Shopee 最初采用一个无佣金的模式来吸引卖家，并提供免费的运输保险。以上这些策略帮助 Shopee 在初期快速抢占了卖家资源和买家市场。

SHEIN 成立于 2008 年，最初是面向欧美市场的女装品牌。SHEIN 专注于提供快速时尚产品，捕捉最新的时尚趋势，并快速地将其转化为大众可以负担得起的服装。在随后的几年里，SHEIN 逐渐扩大其业务，进入了全球多个市场，包括欧洲、北美、中东等地。近年来 SHEIN 从独立站转型成为第三方电商平台，为了弥补短板，引入供应商入驻 SHEIN，以扩大 SHEIN 整体的市场竞争力。

随着短视频应用 TikTok 在全球的迅速崛起，其母公司字节跳动逐渐意识到其平台上的电商潜力。一开始，TikTok 通过与外部品牌和平台的合作，如与 Shopify 的合作，允许内容创作者和品牌在视频中加入购物链接。在 2020 年和 2021 年，TikTok 逐渐推出了更多的电商功能，并推出 TikTok Shop 品牌，这是一个专注全球市场的跨境电商平台。

Temu 是拼多多推出的跨境电商平台，在 2022 年上线，Temu 的意思是 "Team Up, Price Down"。Temu 延续拼多多低价策略，要求卖家以最低价提供商品，备货到 Temu 在国内的仓库，其定价、销售、履约、售后均由平台负责。价格低廉、种类繁多的产品在海外市场同样十分具有吸引力，Temu App 的下载量一度成为苹果 App 商店和谷歌 Play 平台下载量第一名。

1.4　国际电商零售市场

1.4.1　北美市场

北美电商起步早、成熟度高，除人们熟知的 Amazon、AliExpress、eBay、Wish 平台外，Walmart、Newegg、Bestbuy、Overstock 等本地老牌的零售商品牌也都有电商平台。

北美市场长期以来一直充满活力，有旺盛的购买力。北美买家喜欢有创意的商品，不喜欢一成不变的东西。他们注重商品的质量和包装，包装品质应该和商品质量处于同样的档次，甚至更高。北美人追求生活体验，喜欢户外运动、园艺、宠物、DIY 等，在穿着方面则以舒适休闲为主。

北美零售行业无论是在线上还是在线下，每年的 2—5 月、7—9 月、11—12 月都是销售旺季。每年的六大节日（圣诞节、情人节、复活节、母亲节、父亲节、万圣节）都处于购物高峰，感恩节之后的"黑色星期五"是传统零售打折促销的狂欢购物节。除此之外，每年还有各类大型活动也会带动周边商品的销售，如超级碗、NBA、美国足球大联盟、奥斯卡、格莱美等。在北美，这些活动的社会关注度非常高，大家会聚集在一起，活动期间相关主题的服饰、道具和食品的销量会明显提升。

北美的社交媒体的普及度非常高，电商内容在社交媒体中的渗透也越来越多，图 1-1 是美国当地客户使用社交媒体的情况。

The Most Popular Social Media Platforms in the United States (2024)

图 1-1　2024 年美国最受欢迎的社交媒体平台

北美是移民地区，来自世界不同民族的人们聚集并生活在这里，他们既有共同的生活话题，又保留了各自民族的生活习惯和宗教信仰；北美社会的文化和潮流是多元化的，亚文化和小众风格在这里被接纳和包容，都有各自的发展空间。经过几十年的经济繁荣，这里的人们愿意消费，愿意为自己喜欢的文化和潮流买单，做北美市场的卖家要经常关注北美的社会热点和文化潮流，从中发掘商机，打造爆款。

1.4.2　欧洲市场

欧洲国家和欧盟国家不是同一个概念，欧盟国家是指那些成为欧洲联盟成员国的国家，目前共有 27 个成员国。这些国家在政治、经济和法律等方面有着紧密的合作和一致性，这些国家在欧盟内部享有一定的权益和义务，包括参与欧洲单一市场、共同决策和制定法律政策等。以下是欧盟的 27 个成员国：

奥地利（Austria）、比利时（Belgium）、保加利亚（Bulgaria）、塞浦路斯（Cyprus）、克罗地亚（Croatia）、捷克（Czech）、丹麦（Denmark）、爱沙尼亚（Estonia）、芬兰（Finland）、法国（France）、德国（Germany）、希腊（Greece）、匈牙利（Hungary）、爱尔兰（Ireland）、意大利（Italy）、拉脱维亚（Latvia）、立陶宛（Lithuania）、卢森堡（Luxembourg）、马耳他（Malta）、荷兰（Netherlands）、波兰（Poland）、葡萄牙（Portugal）、罗马尼亚（Romania）、斯洛伐克（Slovakia）、斯洛文尼亚（Slovenia）、西班牙（Spain）、瑞典（Sweden）。

此外，还有一些非欧盟但位于欧洲的国家，以及英国这样的脱欧国家。非欧盟的欧洲国家有瑞士、挪威、冰岛、列支敦士登等。这些国家与欧盟有一定程度的经济和政治合作，但并非欧盟成员。英国在2020年2月1日正式脱离欧盟，成为欧盟的脱欧国家，不再享有欧盟成员国的权益和义务。

欧洲市场电商购买力较强的国家是英国、法国、德国，其次是西班牙、意大利、荷兰等。英国人最喜欢在网上购物，无论是网购人数，还是人均网购消费金额都是欧洲最多的；法国人喜欢网购高品质的时装、箱包、配饰、香水；德国人在网购时对商品品质要求很高，德国买家的退货率也是最高的，想要达到德国买家的要求，无论是商品质量还是外包装，都必须是高标准的。欧洲虽然国家多，但是每个国家的人口少，超过四分之一的人会将跨境电商作为购物的首选，Amazon、AliExpress、eBay、Wish这些跨境电商平台在欧洲有较高的普及度，除此之外，欧洲还有很多本土电商平台，如Cdiscount、Otto、Fnac和Zalando。

Cdiscount是法国最大的电商平台，在法国，其买家接受度仅次于Amazon，商品涵盖日用品、食品、电子产品、家用电器、母婴、箱包等，目前已经向中国卖家开放入驻。

Otto是德国最大的电商平台，在德国，其买家接受度仅次于Amazon，优势类目是服装服饰和生活用品。该平台的买家覆盖了约45%的德国家庭，在2019年对中国卖家开放入驻。

Fnac是法国知名的文化产品和电器产品的线下零售商，2009年启动线上销售，目前是法国本土第二大电商平台。

Zalando是欧洲最大的时尚电商平台，是德国第二大本土电商平台。

1.4.3　拉丁美洲市场

拉丁美洲，简称拉美，狭义上，它包括以拉丁语族语言（如西班牙语、葡萄牙语和法语）为官方语言的美洲国家和地区。广义上，它包括美国以南的全部美洲国家与地区。

拉丁美洲电商规模最大的国家有巴西、墨西哥、阿根廷、智利和哥伦比亚。巴西是拉丁美洲最大的国家，也是人口最多、电商购买力最强的国家。巴西女性喜欢购买性感的服装和夸张的配饰，比基尼泳装在巴西是最热门的商品之一。

本土零售平台如Mercado Libre和Falabella是拉丁美洲主要的电商平台。Amazon和eBay

等巨头也在该地区投资并建设运营基础设施。MercadoPago 和 Boleto 是巴西买家较常用的两种付款方式。MercadoPago 是 Mercado Libre 旗下类似支付宝的在线支付平台。Mercado Libre 是拉丁美洲最大的电商平台，主要针对中高端消费群体，目前已经覆盖巴西、墨西哥、智利等 18 个南美国家。如果巴西买家下单后选择 Boleto 付款，就会在 7 天之内收到付款通知。Boleto 的支付流程是，银行给消费者发送一张发票，消费者可以在附近的便利店、ATM、邮局和银行进行支付。

在物流方面，以跨境电商规模最大的国家巴西举例，巴西地域广阔，但物流网络不够发达，国内配送效率低，这也是拉丁美洲物流的普遍情况。在清关方面，巴西的清关效率很低，通常包裹在海关会滞留 7 天以上，长时间的等待导致巴西的买家对跨境购物的欲望降低。为了更大程度开发拉丁美洲的线上跨境购物市场，菜鸟国际快递在拉丁美洲选择深扎本土，通过强控核心节点+海外自建快递网络的"混合打法"，编织起一张跨境物流生态网，优化拉丁美洲的跨境物流配送效率。

1.4.4　俄语市场

俄罗斯是世界上人口最多的国家之一，拥有庞大的消费者市场，这使得俄语市场具有巨大的潜力和吸引力。俄罗斯的互联网普及率持续增长，越来越多的俄罗斯消费者通过互联网购物。在线购物已经成为俄语市场的主要购物方式之一。

俄罗斯的物价水平相对较低，相比于一些欧洲国家和发达国家，商品价格经济实惠。食品和生活必需品的价格相对较稳定，水果、蔬菜、面包、乳制品和肉类等都比较容易获得且价格适中。

俄罗斯的平均工资水平因地理位置、行业和职业而异。大城市通常具有更高的平均工资水平，而农村地区相对较低。按照 2022 年 6 月俄罗斯最低工资的标准，每月工资为 14071 卢布（当时折合人民币 1550 多元）。2022 年 4 月，俄罗斯平均工资为 62269 卢布（当时折合人民币 6860 多元），该平均工资水平与当时中国部分一线城市的平均工资水平相当。

下面介绍几个俄语主流社交媒体平台。

VK：即 VKontakte，为"接触"之意，类似 Facebook。客户主要来自俄语体系国家，在俄罗斯、白俄罗斯、乌克兰、哈萨克斯坦、阿塞拜疆等国较为活跃。

OK：即 Odnoklassniki，意为"同班同学"，又叫"同学网"，是俄罗斯第二受欢迎的社交网络，主要面向 30 岁及以上的客户。

TikTok：国际版抖音 TikTok 在全球掀起的热潮同样吹向了俄罗斯。TikTok 客户以年轻人居多，在俄罗斯 18~30 岁的年轻群体中，有 40% 的人都在使用 TikTok。与 Facebook 不同的是，TikTok 不需要客户在熟人社交圈内互相链接建立基础架构即可直接破圈，这意味着只要视频内容创意好，流量就有机会在短时间内暴涨。

Instagram：在俄罗斯非常流行，特别受到年轻人的喜爱。客户可以分享照片和视频，并与其他客户互动。

下面介绍几个俄罗斯主流电商平台。

综合电商平台有 Wildberries 和 Ozon；社交媒体 VK 和 Instagram 都具有电商功能；垂直电商 Lamoda 是俄罗斯知名的时尚电商平台，Iledebeaute 是俄罗斯的美妆电商平台；Joom 是跨境电商平台。

Yendex 是俄罗斯本土最大的搜索引擎提供商，此外还提供电子商务、新闻、地图、邮箱等服务。Yendex 电商业务在俄罗斯占据领先地位，和它的搜索引擎市场份额高是分不开的。

Mymall 是俄罗斯 Mail.ru 集团旗下子公司 My.com 的跨境电商平台，My.com 还拥有俄语系最大的社交平台 VKontakte，从社交平台带来的订单让 Mymall 在俄罗斯拥有很高的市场份额。Yendex 和 Mymall 都已经向中国卖家开放注册。

1.4.5 东南亚市场

东南亚地区庞大的人口、年轻化的人口结构、不断攀升的移动互联网使用率，为电商行业提供了良好的发展环境。阿里巴巴投资的 Lazada、腾讯投资的 Shopee、新加坡本土平台 Carousell、印度尼西亚本土平台 Tokopedia 等十几个电商平台正以各自的方式迅速开拓东南亚市场。

东南亚地区包括印度尼西亚、菲律宾、越南、泰国、马来西亚、新加坡等 11 个国家。其中，印度尼西亚人口最多，2017 年印度尼西亚买家在线上消费产生的 GMV（网站的成交金额）达15.66 亿美元，是整个东南亚地区的主要消费力量。电商在印度尼西亚发展的难点是物流配送，岛屿多、居民居住地分散，增加了物流配送的成本。新加坡作为东南亚地区最重要的金融中心和国际贸易中转站，虽然人口不多，但其经济发达、消费能力强，有着极高的互联网和智能手机普及率，是东南亚地区最成熟的电商市场。东南亚地区部分国家的 GMV 数据如表 1-1 所示。

表 1-1　东南亚地区部分国家的GMV数据

国　　家	人　　口	2017 年 GMV	电商占零售总额百分比
新加坡	560 万人	0.54 亿美元	6.7%
印度尼西亚	26400 万人	15.66 亿美元	8.0%
泰国	6900 万人	1.11 亿美元	5.5%

东南亚地区主要电商平台介绍如下。

Lazada 在 2016 年被阿里巴巴投资，现在已经是东南亚地区电商市场的领军平台。Lazada是一个在线百货商店和贸易市场，商品范围覆盖全品类，允许包括中国在内的零售商在平台上自主开店销售商品。

Shopee 在电商行业中是后来者，起源于新加坡，但在社交媒体和移动电商方面有其独特的优势，现在在整个东南亚地区有很大的市场份额。

Qoo10 创立于韩国，女性商品和时尚商品是销售强项，尤其以韩国商品和韩国服饰为特色。Qoo10 在新加坡电商市场占有较大的市场份额，女性消费者占 75%，平均年龄是 27 岁。

Carousell 是创立于新加坡的本土电商平台，创立初衷是帮助人们轻松地销售二手商品，是东南亚版本的"闲鱼"。Carousell 的口号是"即拍即卖，私讯即买"，卖家用手机将商品拍照后直接上传至该平台，买家可以和卖家直接沟通协商，卖和买的过程都很简单、方便。

Tokopedia 的总部位于印度尼西亚的雅加达，是印度尼西亚的主要电商平台。Bukalapak 也是印度尼西亚的一个主要电商平台。

1.4.6　东亚市场

对于中国的跨境电商卖家来说，韩国是东亚地区的主要市场。根据美国电子商务市场研究公司 eMarketer 的数据，2020 年韩国在全球电商零售额市场中的占有率为 2.5%，仅次于中国（52.1%）、美国（19%）、英国（4.8%）和日本（3%），位列全球第五。韩国的电商行业在 2021 年已经成为世界第五大市场。

韩国是一个半岛国家，其三分之二的地形为山地，并且自然资源有限，因此大部分资源都需要依赖进口。韩国的降水主要在 6—9 月，商家可以考虑在这段时间前推出雨具等应季产品。

尽管韩国的人口数量不及中国的北上广三地的人口数量，但其电商渗透率相当高。2022 年电商渗透率达到了 77%，预计到 2025 年将上升至 83%。韩国有约 4735 万网民，占总人口的 92%，其中 88% 的人使用智能手机。预计到 2025 年，韩国的网购客户将从 2022 年的 4000 万人增长至 4300 万人。在所有年龄段中，45~54 岁的客户购买力最强，占比为 25%，而 18~24 岁的客户占比最低，为 12%。

韩国的物流体系高效且完善。韩国国内电商订单通常在下单后的隔天送达，最晚三天内送达。对于跨境电商卖家来说，这意味着他们的物流服务需要与韩国的国内物流服务标准相匹配。目前，从中国威海仓发货的订单可以在 3~5 天内送达韩国客户。

社交媒体在韩国也非常受欢迎。根据 DMC Media 的报告，韩国居民的社交媒体使用率为 89.3%，是全球平均水平的 1.7 倍，全球排名第二，仅次于阿联酋。韩国消费者喜欢通过社交媒体深入了解商品信息。Hootsuite 的数据显示，YouTube 是韩国最受欢迎的社交平台，其次是 KakaoTalk、Instagram 和 Facebook。而 Naver 和 Daum 则是韩国最受欢迎的搜索引擎。

1.4.7 西亚市场

以色列是中国跨境电商卖家的重点关注对象，其在高新科技和贸易领域的表现令人瞩目。

高新科技行业：以色列以其创新和高科技产业而闻名，特别是信息技术、生物技术、军事技术、医疗器械和清洁能源等领域。以色列的科技创业公司在全球范围内备受关注，并吸引了大量的风险投资。

强大的贸易精神：以色列人民在商业和贸易方面有着丰富的经验和强烈的创业意识。他们倾向于追求商业机会并在国际贸易中发挥积极作用，这使得以色列成为一个活跃的贸易国家。

经济发展和国民购买力：尽管以色列的国土面积有限，但该国经济发展迅速，国民购买力较强。人均收入相对较高，消费者对高品质产品和创新产品有较高的需求。

地理位置和国际贸易：以色列具有重要的地理位置优势，这使得以色列成为中东地区与欧洲、亚洲和非洲之间的贸易枢纽，有利于跨境贸易和国际物流。

以色列人民有良好的英语基础，可以很方便地进行跨境电商购物。以色列有一些传统的节日，这些节日也是以色列人的购物节。

（1）犹太历新年（公历9月或10月），庆祝1~2天。以色列人在犹太历新年的日子会吹一种用公羊角制作的角，称为吹角，并且以色列人在这个节日里会祷告和忏悔，吃一些特殊的食物，亲人、朋友之间会互相祝福和问候。

（2）住棚节（公历9—10月间），为期7~9天，这个节日有两个意义：一是纪念以色列人在旷野中漫游时住在帐篷中的经历，这是一个提醒；二是住棚节也是一个农业节日。在这个节日期间，人们会住在临时搭建的帐篷或棚屋中，这些帐篷的顶部通常是用树枝或其他植物材料制成的，星光可以穿透。

住棚节是犹太人三大朝圣节之一，另外两个是逾越节（公历3月或4月，持续7~8天）和五旬节（公历5月或6月）。

（3）光明节（犹太历9月），为期8天。光明节陀螺是这个节日的传统玩具，也是跨境电商卖家会提前备货的商品。

（4）以色列独立日（公历4月或5月）。

1.4.8 中东市场

以色列、沙特阿拉伯和阿联酋是中东地区电商的主要买家市场。中东海湾国家互联网渗透率超过90%，智能手机渗透率超过65%，城市人口以年轻人为主；当地盛产石油，国家富裕，国民消费力高，但是国内可供普通消费者选择的商品种类很少。因此，跨境电商为中东市场的消费者提供了更加多样化的选择，电商行业发展空间巨大。以色列是中国跨境电商卖家的重点关注对象。尽管其国土面积只有 2.5 万平方公里，形似一个狭长的地带，从南到北约 400 千米，从东到西约 100 千米，但其在高新科技和贸易领域的表现令人瞩目。

中东市场的主要电商平台有 Jollychic、Souq、Noon、Namshi；新兴的中国跨境电商平台 SHEIN、TikTok、Temu 都布局了中东市场。

中东地区的电商发展存在两大困难：第一，中东地区买家使用在线支付的比例较低，导致比例低的原因一方面是当地信用卡普及率低，另一方面是买家对新平台的信任度低，所以中东地区买家的订单大部分会选择货到付款的形式（Cash On Delivery，COD）；第二，中东国家地址库不完善，中东地区地广人稀，并且历史上是游牧民族，其区域划分非常模糊，很多时候只有大的街道有名字，小的街道或社区根本没有名字和门牌号。中东包裹上没有清楚的签收地址，配送员找不到签收人的情况时常发生。没有准确的地址，并且订单需要货到付款，这两个原因结合导致中东地区的签收率低，是当地电商和物流发展的大难点。

由于产业链的原因，中东地区许多产品仍需依靠进口，而大部分货源地都是中国。再加上中国跨境电商平台在中东市场布局越来越深入，这也为中国物流机构进入中东市场提供了机会。三通一达、顺丰、极兔、iMile 等大物流机构纷纷入局，许多小货代公司也开始涉及电商件末端配送业务。

除物流配送外，针对中东市场做跨境电商的卖家要特别注意文化禁忌。中东地区多宗教国家，常规法律和宗教习俗息息相关，网络内容安全层面也需要按照宗教的教义规定执行。不使用动物元素，尤其是猪、猛兽等；不使用 LGBT（性少数群体）、药物等敏感元素；在广告中禁止出现部分裸露的人体，在部分国家甚至要将手和脚都遮挡住。

第 2 章

跨境电商平台规则

学习目标：

- 认识知识产权的重要性

- 了解禁限售规则

- 掌握速卖通平台的基本规则

- 理解速卖通卖家等级规则

2.1　知识产权规则

2.1.1　知识产权的概念和重要性

跨境电商从业者要对知识产权问题特别敏感，由于涉及不同国家的消费市场，因此要提前了解将要销售的商标、产品、设计等是否在其他国家有侵权行为，如侵犯知识产权，就会给卖家造成巨大损失。

知识产权指权利人对其所创作的智力劳动成果所享有的专有权利。未经知识产权所有人的许可，使用其依法享有的知识产权，即为知识产权侵权。知识产权侵权行为包括但不限于三类，如表 2-1 所示。

表 2-1　知识产权侵权行为包括但不限于三类

侵 权 行 为	定　　义
商标侵权	未经商标权人许可，在商标权核定的同一种或类似的商品上使用与核准注册的商标相同或相近的商标的行为，以及其他法律规定的损害商标权人合法权益的行为
专利侵权	未经专利权人许可，以生产经营为目的，实施了依法受保护的有效专利的违法行为
著作权侵权	未经著作权人同意，又无法律上的依据，使用他人作品或行使著作权人专有权的行为，以及其他法律规定的损害著作权人合法权益的行为

无论哪一类知识产权的注册，都需要在销售市场的所在国进行注册。例如，在中国拥有的商标，要在美国市场销售，就必须在美国进行商标注册。海外商标注册可以直接在目标国家的商标局逐个注册，也可以通过某些组织进行注册，比如：

- 马德里体系（Madrid System）：这是一个由世界知识产权组织（WIPO）管理的国际商标注册系统。企业或个人只需在自己的国家提交一份申请，就可以在马德里体系的成员国中选择多个国家进行注册，大大简化了多国注册的过程。
- 欧盟商标（European Union Trade Mark，EUTM）：这是一个允许在整个欧盟范围内获得商标保护的系统。一旦获得批准，EUTM 将在所有欧盟成员国中都受到保护。
- 非洲知识产权组织（African Intellectual Property Organization，OAPI）：OAPI 是一个地区性组织，允许在其成员国中进行统一的商标注册。一旦获得批准，商标将在所有 OAPI 成员国中受到保护。
- 安第斯国家共同体（Comunidad Andina de Naciones）：这是一个在南美地区的组织，其成员国包括玻利维亚、哥伦比亚、厄瓜多尔和秘鲁。

各大跨境电商平台都严禁卖家未经授权发布、销售涉嫌侵犯第三方知识产权的商品。若发布、销售涉嫌侵犯第三方知识产权的商品，则有可能被知识产权所有人或买家投诉。平台也会随机对商品（包含下架商品）信息进行抽查，若商品涉嫌侵权，则信息会被退回或删除。投诉成立或商品信息侵权属实，平台会对卖家进行处罚。速卖通平台对知识产权违规行为的处罚如表 2-2 所示。

表 2-2　速卖通平台对知识产权违规行为的处罚

侵权行为	定　义	处罚规则
商标侵权	严重违规：未经商标权人许可，在同一种商品上使用与其注册商标相同或相似的商标	三次违规关闭账号
	一般违规：其他未经商标权人许可，使用他人商标的情况	• 首次违规扣 0 分。 • 其后每次重复违规扣 6 分。 • 累计违规达 48 分关闭账号
专利侵权	严重违规：未经专利权人许可，复制其作品并进行发布或销售，包括图书、电子书、音像制品和软件等	三次违规关闭账号
	一般违规：其他未经专利权人许可，使用他人专利权的情况	• 首次违规扣 0 分。 • 其后每次重复违规扣 6 分。 • 累计违规达 48 分关闭账号
著作权侵权	外观专利、实用新型专利、发明专利的侵权情况（一般违规或严重违规的判定视个案而定）	• 首次违规扣 0 分。 • 其后每次重复违规扣 6 分。 • 累计违规达 48 分关闭账号。 • 严重违规时，三次违规关闭账号

2.1.2　知识产权违规案例

指尖猴玩具曾有一段时间成为网红商品，很多卖家都发布了类似的玩具，并且有不错的销量。指尖猴商品专利属于玩具企业 WowWee，其外观专利如图 2-1 所示，商标权如图 2-2 所示。只要是商品外观和图 2-1 的猴子相似，就侵犯了外观专利。只要在商品包装或商品页标题、介绍、图片等地方出现"WowWee""FINGERLINGS"或商标图形，就是商标侵权。

图 2-1　指尖猴商品外观专利

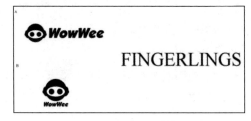

图 2-2　指尖猴商品商标权

关于知识产权的细则，可参考知识产权相关网站。

2.1.3 回应侵权投诉

发生知识产权侵权行为，权利人可能会向电商平台投诉，要求侵权人下架商品，甚至通过法院要求冻结侵权人的资金，也可能会向侵权人发律师函，提出赔偿要求。卖家收到侵权投诉后，如果认为自己的行为确有侵权，应立刻停止侵权，与权利人协商和解；如果不认为自己的行为造成侵权，应积极提供非侵权证明。

2.2 平台禁限售规则

禁售商品指涉嫌违法、违背社会道德或违反销售国规定的商品。限售商品在销售之前需取得商品销售的前置审批、凭证经营或授权经营等许可证明，否则不允许发布。

2.2.1 速卖通禁限售规则

速卖通禁限售商品共有 18 个大类，具体的禁售、限售商品列表参见《全球速卖通禁限售商品目录》。表 2-3 为禁限售积分处罚和店铺处罚。

表 2-3 禁限售积分处罚和店铺处罚

处罚依据	行为类型	积分处罚	店铺处罚
《全球速卖通禁限售商品目录》	发布禁限售商品	严重违规：48 分/次（关闭账号） 一般违规：0.5~6 分/次（1 天内累积不超过 12 分）	退回/删除违规信息。 若查到订单中涉及禁限售商品，速卖通就会关闭订单。如果买家已付款，则无论物流状况如何，均全额退款给买家，卖家承担全部责任

速卖通根据违规积分的等级制定了公平的处罚标准，分数按行为年累计计算。例如，卖家在 2017 年 5 月 30 日被扣 12 分，账户会被冻结 7 天，同时这个处罚记录到 2018 年 5 月 30 日才会被清零。禁限售违规和知识产权一般侵权将累计积分，积分累积到一定分值，将执行账号处罚。

2.2.2 亚马逊禁限售规则

亚马逊针对不同的国家站点有不同的禁限售规则，下面以美国站点为例进行讲解。

- 商品不是针对该站点的。例如，针对美国之外的国家生产的商品不能在亚马逊美国站点销售，只能在其他国家站点销售，包括进口的教科书等。
- 非法商品和潜在的非法商品。
- 攻击性的材料。
- 裸体和色情商品。
- 侵犯个人隐私的商品。

- 广告。
- 商品可用于数字下载，包括编码、可以用来访问其他网站或平台的内容。

违反亚马逊禁限售规则的行为，可能会有以下处罚：取消商品列表、限制上架特权、暂停上架特权、免除销售特权。

2.2.3　Lazada 禁限售规则

首先，卖家在 Lazada 平台销售的商品必须是全新、合法的授权商品或自产商品，不可以销售二手商品、法律禁售的商品和食品、食用保健品、未经授权的商品、假冒商品，以及宣传暴力或种族主义、煽动仇恨或触犯当地宗教信仰的商品。

其次，针对东南亚地区不同国家站点，既要执行当地国家政策，还要遵守具体的禁限售商品规则。

2.3　平台全托管模式

全托管模式主要是指由电商平台负责店铺运营、仓储、配送、退换货、售后服务等环节，商家只负责提供商品、备货入仓的一种业务模式。这是 2022 年之后出现的跨境电商模式，Temu、SHEIN、TikTok、速卖通、Shopee、Lazada 等平台都开启了全托管模式。如图 2-3 所示为 Temu 全托管模式的销售全流程示意图。

上传商品 → 选品审核 → 寄样 → 审样核价 → 申请备货 → 发货 ┐

售后服务 ← 消费者签收 ← 平台配送 ← 上架销售 ← 质检入库 ┘

图 2-3　Temu 全托管模式的销售全流程示意图

对于平台来说，全托管模式让平台拥有了商品定价权，平台可以集中利用自身优势资源最大化实现流量变现，提升跨境电商平台在海外市场的竞争力。

对于卖家来说，全托管模式要求卖家提供最低的商品报价，由平台进行选品，选中的商品运输至平台指定仓库，由平台官方质检之后上架销售，定价、物流、售后等都由平台负责，买家付款之后平台才会和卖家进行结算。如果商品滞销，则一定时间后货物会退回卖家。这种业务模式对于有生产研发能力的工贸一体供应商来说是一种机遇，供应商可以专注于优化商品成本，减少运营和销售方面的投入。对于单纯的贸易商来说是一种挑战，因为贸易商的供货成本比生厂商更高，在竞价方面没有优势，并且平台亲自参与到销售端，势必会挤占原本分配给贸易商的流量资源。

对于物流商来说，在全托管模式中，跨境电商平台会选择自建物流体系，或者和头部物流商合作，随着全托管业务模式比例的增加，中小物流商会失去竞争力。

2.4　速卖通平台主要规则

2.4.1　交易规则

1．成交不卖

买家下单付款后，卖家未在承诺发货时间内上传运单号，会导致订单关闭。

2．虚假发货

在规定的发货时间内，卖家使用没有物流信息的运单号或与该订单不相关的运单号声明发货；卖家线上申请了运单号并声明发货，但是实际使用其他物流发货；未按照向买家的声明履行发货义务的行为。

3．货不对版

买家收到的商品与达成交易时卖家对商品的描述或承诺在类别、参数、材质、规格等方面不相符。

严重行为包括但不限于以下：

（1）寄送空包裹给买家；

（2）订单商品为电子存储类设备，商品容量与商品描述或承诺严重不符；

（3）订单商品为计算机类商品硬件，商品配置与商品描述或承诺严重不符；

（4）订单商品和寄送商品非同类商品且价值相差巨大；

（5）其他订单商品和寄送商品严重不符的情形。

4．不正当竞争

（1）卖家所发布的商品信息、店铺装修或所使用的其他信息存在扰乱其他卖家正常经营的情形，足以使消费者与其他正常经营卖家混淆或误认为存在特定联系。

（2）卖家通过自身或利用其他会员账户对其他卖家进行恶意下单、恶意评价、恶意投诉等行为，影响其他卖家声誉与正常经营。

恶意下单：指卖家利用海外会员账户对其他卖家进行下单，对其他卖家正常经营造成影响的行为，如拍库存不付款。

恶意评价：指卖家利用海外会员账户对其他卖家进行下单，恶意给出差评或评价内容与事实不符的行为。

恶意投诉：指卖家通过自身或利用其他会员账户对其他卖家进行投诉，投诉内容缺乏相关依据或投诉目的不当，存在故意损毁同行卖家的商誉、敲诈正当经营的卖家或蓄意打击同行卖家正当经营的情况。

5．信用与销量炒作

卖家通过虚构或隐瞒交易事实、规避或恶意利用信用记录规则等不正当方式，获取虚假的商品销量、店铺评分、信用积分、商品评论和成交金额等不正当利益的行为。

信用与销量炒作不正当形式包括但不限于：

（1）使用虚假的发货单号或一个单号重复多次使用，或者物流信息无法查询或不存在等；

（2）通过直接或间接的方式降低商品价格（如大幅度修改商品价格或商品成交价格等），吸引买家下单，但不发货或虚假发货；

（3）卖家自己注册买家账号或操纵其他账号（包括但不限于炒作团伙账号、亲朋好友账号、公司同事的账号等），购买自己发布的商品；买家出现重复拍、账号、IP 等问题；

（4）卖家利用第三方（包括其他卖家）提供的工具、服务或便利条件进行虚假交易；

（5）其他非正常交易手段。

6．不法获利

卖家违反速卖通规则，涉嫌侵犯他人财产权或其他合法权益的行为，包括但不限于以下情形：

（1）卖家通过发布或提供大量虚假的或与承诺严重不符的商品、服务或物流信息骗取交易款项的；

（2）交易中诱导交易对方违背速卖通正常交易流程操作并获得不正当利益的；

（3）发送钓鱼链接或木马病毒信息用于骗取他人财物的；

（4）利用不正当手段或违规手段骗取包括但不限于平台售后宝赔付、平台优惠券、平台减免、保证金、平台赔付基金、佣金、赏金激励等款项的；

（5）假借速卖通及其关联公司工作人员或速卖通店铺客服名义行骗的；

（6）通过第三方账户实施诈骗行为骗取他人财物的；

（7）卖家违反速卖通规则，通过其他方式非法获利的；

（8）为达到销售目的，卖家以任何明示或暗示的方式涉嫌进行或协助买家进行各类违规避税行为。

7．恶意骚扰

恶意骚扰指卖家频繁或采取恶劣手段骚扰买家，影响买家正常生活或妨害买家合法权益的行为。如要求买家给好评或因纠纷等原因谩骂买家；包括但不限于通过电话、短信、IM 即时通信工具、留言、邮件等方式频繁联系他人，影响他人正常生活的行为。

8．严重扰乱平台秩序

严重扰乱平台秩序指干扰平台管理，损害其他卖家或平台的合法权益的行为。包括但不限于以下情形：

（1）恶意规避平台规则或监管措施的行为；

（2）通过恶意违规等方式干扰其他客户正常交易的行为；

（3）给买家的购物过程带来了严重的不良体验，对速卖通平台的商业环境造成了恶劣影响的行为；

（4）其他严重扰乱平台秩序的行为。

9．违背承诺

违背承诺指卖家未按照以下承诺向买家提供服务，损害买家正当权益的行为。

（1）交易及售后相关服务承诺，包括但不限于：

a. 卖家拒绝按照买家拍下的价格进行交易（交易双方线下另有约定的除外），或者卖家承诺对商品价格给予优惠，但实际未履行；

b. 卖家承诺给予买家赠品或发票等交易商品之外的物品，但实际未赠与或给付；

c. 卖家承诺给予买家退换货、包维修等售后服务，但实际未履行。

（2）物流相关承诺，包括但不限于：

a. 卖家在商品标题或内容中承诺免运费，但买家实际下单时发现有运费；

b. 卖家在交易订立过程中自行承诺或与买家约定了特定的运送方式、运送物流、快递公司等，但实际未按照相关承诺或约定履行；

c. 卖家承诺承担退货运费，但实际未履行。

（3）违背平台既定规则或要求，包括但不限于：

a. 平台要求买卖双方的交易行为必须在线进行，但卖家以各种方式引导买家不通过速卖通平台进行支付和交易；

b. 卖家参加速卖通官方活动，但未按照活动要求（除发货时间外）提供服务。

（4）卖家违背其自行做出的其他承诺。

10．诱导提前收货

诱导提前收货指卖家诱导买家在未收到货的情况下提前确认收货。

11．严重恶意超低价

严重恶意超低价指卖家以较大偏离正常销售价格的低价发布大量商品。特别严重包括但不限于：严重恶意超低价影响面广，对平台安全、声誉造成或可能造成恶劣影响。

12．泄露他人信息

"他人信息"包括但不限于：买家的客户名、平台ID、真实姓名、手机号码、收货地址（部分或全部）、留言、评论、个人特征、喜好等订单或个人相关的信息等。

泄露他人信息包括但不限于以下情形：

（1）卖家未经买家本人和平台的书面、明确许可（许可应由卖家举证），将信息对外披露、传递。上述"对外"包括但不限于对非必要的内部员工，对外部第三方的公司或个人，对不特定的主体等；"披露、传递"包括但不限于线上或线下、公开或定向、明示或暗示、明文或加密等任何方式。例如，卖家在站内公开渠道未经允许披露他人信息，卖家在站外向第三方网站未经允许披露他人信息，卖家向未经允许的第三方公司、非以履约完成与买家交易的目的披露他人信息的，或者卖家未经允许向非买家本人披露买家订单信息等。

（2）卖家基于非真实交易目的发布商品，并以此获取买家信息进而泄露的。

（3）因卖家在员工管理、账号管理、系统安全等方面存在过失而导致他人信息泄露的。其中，过失包括但不仅限于：卖家店铺内部缺乏基本的信息安全保护措施、员工管理不善、系统存在明显的信息泄露风险但卖家未采取有效补救措施等。

2.4.2 搜索排序规则

1．搜索作弊行为处罚

速卖通的搜索排序以帮助买家找到最符合需求的商品为目标。排序是对商品的信息描述质量、商品与买家搜索需求的相关性、商品的交易转化能力、卖家的服务能力、搜索作弊的情况等因素的综合考量。商品的信息描述质量通常包括类目、标题、属性、详细描述、图片、价格等信息的描述质量。商品与买家搜索需求的相关性包括类目与搜索词的关系、标题与搜索词的关系、属性与搜索词的关系。卖家的服务能力包括好评率、仲裁、服务响应速度、订单执行情况等。

在平台规则反作弊方面，如果商品有信用及销量炒作、类目错放、成交不卖、标题堆砌、重复铺货、超低价或超高价、"黑5类"商品错放（一般指订单链接、运费补差价链接、赠品、定金、新品预告5类特殊商品没有按规定放置到指定的特殊发布类目中）等严重违规行为，则卖家将受到违规商品排名靠后，甚至全店降权或关闭账户的处罚，如表2-4所示。

表2-4 违规行为类型和处罚措施

部分违规行为类型	处罚措施
类目错放	（1）违规商品给予搜索排名靠后或下架删除的处罚。
属性错选	（2）系统核查到的搜索作弊商品将在"产品管理"→"商品诊断"中展示，商品诊断统计中
标题堆砌	展示的6类违规行为纳入商品信息质量违规计分体系，根据违规商品数系统自动进行每日扣分。
标题描述违规	• 违规商品数为[1,50)个，不扣分。
"黑5类"商品错放	• 违规商品数为[50,500)个，扣0.2分/天。
重复铺货	• 违规商品数在500个及以上，扣0.5分/天。

续表

部分违规行为类型	处罚措施
商品与描述不符	（3）在系统自动扣分的基础上，根据卖家搜索作弊行为的严重程度对整体店铺给予搜索排名靠后或屏蔽的处罚。同时，情节特别严重的，平台将依据严重扰乱市场秩序规则进行扣分、冻结或直接关闭的处罚。
计量单位作弊	
商品超低价	
商品超高价	注意：对于更换商品的违规行为，平台将增加清除该违规商品所有销售记录的处罚
运费不符	
SKU 作弊	
信用及销量炒作	

2．信息展示作弊

（1）类目错放。

类目错放是指商品实际类目与发布商品所选择的类目不一致，如将"布料"放到"婚纱"类目；赠品、补运费、补差价、VIP、直接代发货（Dropshipping）等特殊交易未放置到其他特殊类目。

图 2-4 是卖家将表壳商品错放在表带类目下。

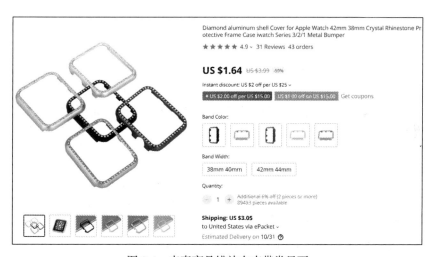

图 2-4　表壳商品错放在表带类目下

针对特定客户的特殊订单链接、补邮费/差价、补退款、结账专用链接、优惠券、定制化商品、定金、礼品卡、赠品、手机充值、其他、海外仓储、预售品等专拍链接，没有按规定上传到指定的特殊类目。

（2）标题描述违规。

标题描述违规是指标题关键词滥用，如标题无明确商品名称、标题关键词堆砌、标题商品名与实际不符、标题与类目不符、标题品牌词与实际不符、标题件数与实际可购买件数不一致等。

（3）属性错选。

属性错选是指发布的商品虽然类目选择正确，但选择的属性与商品的实际属性不一致。

如图 2-5 所示，该商品的领型为圆领，但是卖家在发布时选择了"V领"属性。

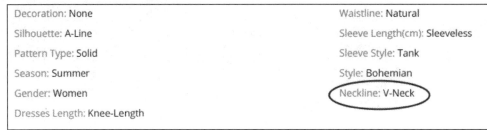

图 2-5　圆领连衣裙在商品属性页面中显示为"V领"

（4）重复铺货。

重复铺货是指发布的商品信息与在同个店铺内或在同个卖家/平台，同个公司主体开通的其他店铺内已发布的产品信息完全相同或主要产品信息（如图片、标题、价格、属性等）雷同。

（5）其他信息描述不合规。

其他信息描述不合规是指商品信息展示不规范，但不构成上述类目错放、标题描述违规、属性错选、重复铺货的行为，包括：

①商品主图内容不规范，如图片纯文字、图片容易引起不适等；

②商品计量单位明显与常规销售方式不一致，如鞋子按只卖等。

3．价格作弊

（1）商品超低价。

商品超低价是指卖家以较大偏离正常销售价格的低价发布商品。

（2）商品超高价。

商品超高价是指卖家以较大偏离正常销售价格的高价发布商品。

（3）运费倒挂。

运费倒挂是指商品本身价格较低，但是运费被设置为偏离正常运费的高价。

（4）SKU 作弊。

SKU 作弊是指卖家滥用 SKU 的设置功能（如以非常规方式设置规格、数量、单位、邮费等信息，或者通过 SKU 的设置变更关键商品要素）发布偏离正常价格的高价或低价的 SKU，或者不支持出售（包括不支持按常规方式出售）的 SKU。

4．交易行为作弊

（1）信用及销量炒作。信用及销量炒作是指通过非正常交易手段提高商品销量及信用的行为。

（2）更换商品。更换商品是指通过编辑已发布商品的类目、品牌、型号、配置、材质、功能等关键属性，使其成为另一款商品。

2.4.3　卖家服务等级

速卖通平台对卖家的各方面指标进行考核后，将卖家分为优秀卖家、良好卖家、及格卖家和不及格卖家，不同等级的卖家可以获得的平台资源不同。在速卖通卖家后台可以看到"当月服务等级"和"每日服务分"两项评分结果。图 2-6 所示的卖家店铺由于订单量不足，卖家暂不能参加考核。截至考核前一个月月底，过去 90 天内的订单量大于或等于 60 笔的卖家才能参与考核，才会有相应的每日服务分和当月服务等级的展示。

图 2-6　卖家订单量不足，暂不参加考核

图 2-7 是卖家的每日服务分展示，我们可以看到，每日服务分是由 7 个因素加权得出的综合分数。每日服务分分数越高，对搜索排序越有利，但搜索排序受多个因素影响，每日服务分

只是其中的一个因素。

图 2-7　卖家的每日服务分展示

当月服务等级不同的卖家会得到平台不同的资源，具体资源分配如表 2-5 所示。

表 2-5　当月服务等级不同的卖家的平台资源分配

	不　及　格	及　　格	良　　好	优　　秀
定义描述	上月每日服务分均值小于 60 分	上月每日服务分均值大于或等于 60 分且小于 80 分	上月每日服务分均值大于或等于 80 分且小于 90 分	上月每日服务分均值大于或等于 90 分
橱窗推荐数/个	0	0	1	3
平台活动权利	不允许参加	正常参加	正常参加	优先参加
直通车权益	无特权	无特权	开户金额返利 15%，充值金额返利 5%（需至直通车后台报名）	开户金额返利 20%，充值金额返利 10%（需至直通车后台报名）
营销邮件数量/封	0	500	1000	2000

第 3 章

选品和市场分析

学习目标：

- 掌握跨境电商的选品原则
- 掌握亚马逊平台和速卖通平台的选品方法
- 了解部分国家的本土电商网站
- 学会从社交媒体观察流行趋势
- 认识常用的数据分析工具

3.1　选品的逻辑和原则

在开始经营店铺之前，第一个问题就是我要卖什么。在跨境电商领域有一句话：七分产品，三分运营。选对商品并赶在一拨潮流趋势的前头，可能收获颇丰；看到市场爆款后跟风销售，可能订单量不错但是利润稀薄。选品不应依据个人喜好，也不能仅看数据报告，选错商品的后果是库存积压、资金浪费。本章将介绍选品的一些基本方法，这些方法仅供读者作为了解市场的手段。选品不是一个按部就班的工作，而是应该建立在对商品了解和对目标市场需求了解的基础上，然后做出综合判断。读者在熟练运用这些基本方法后，要结合自己的运营经验总结适合自己的选品方法。

3.1.1　跨境电商选品原则

选择跨境商品要考虑三个原则：符合平台规则、符合目标市场法律法规、适合跨境物流寄送。跨境运输费用高、时间长、不确定因素多，运输途中可能遇到恶劣天气、海关扣留、物流周转路线长等情况，因此在选择跨境商品时，应尽量选择保质期长、耐挤压、体积小、重量轻的商品。除以上原则外，选品时还可以酌情考虑以下几点。

- 商品操作简单易上手。如果你经营的是大众商品，最好选择不需要复杂操作的款式，例如，你计划向欠发达地区销售低端智能手机，最好选择功能简单、开机即可使用的型号，避免因买家不会操作且不阅读使用说明就投诉或退款的情况发生。
- 商品复购率高，属于快消品，买家在日常生活中持续需要且可能反复购买。大家都知道新客户引入的营销成本高，如果买家产生复购，那么即可摊平营销成本；反之，复购率低的商品则需要更多的毛利率。
- 适合口碑传播的商品。买家是我们很好的宣传者，当买家对我们的商品非常满意时，可能会自发地在线上、线下推荐我们的商品，但是当商品比较私人化或特点不明显时，就很难进行推荐。
- 考虑供应链的稳定和快速响应能力。电商销售有突发爆卖的特点，我们的商品可能和某个突发热点产生关联，导致某款商品销量突然暴涨，如果该款商品备货不足，此时就要考验供应链的快速反应能力，能否在短时间内迅速补货。
- 市场容量够大。有的类目虽然竞争不激烈，但是买家需求量少，即使在市场中成为绝对的"老大"，也不足以支撑运营成本。大类目虽然竞争激烈，但因为有庞大的市场容量，所以新手卖家也很容易分得一杯羹。
- 大卖家数量少。如果一个类目已经被几个成熟的大卖家占据了大部分市场份额，则新手卖家很难参与竞争。

在市场竞争中要关注商品的生命周期，保持商品的竞争力，可以参考六点：人无我有，人有我优，人优我快，人快我新，人新我廉，人廉我转。

3.1.2　自我分析

首先，分析供应商资源。我国很多地区都有大规模的产业带，如广州女装产业带、义乌小商品市场、苏州婚纱产业带等。产业带的特点是商品丰富、相关的上下游商品齐全、价格有明显的优势。如果身边有可以合作的工厂，与工厂直接合作不仅可以控制价格，还可以实现小批量定制化生产，拿到独特的商品。如果这些供应链资源都没有，我们还可以寻找线上的供应商，比如，阿里巴巴 1688 批发平台也有海量的货源可供选择。

其次，团队优势是研发型还是铺货型。如果团队成员有研发和生产的背景，就可以利用这项优势做专而精的商品路线，即使是小众类目，只要市场容量够大，也值得深耕。

最后，评估资金情况，合理分配资金。分配资金时要考虑回款周期和补货周期，尽量减少库存，避免资金积压。

3.1.3　经营策略和经营目标

确定自己的经营策略和经营目标，考虑店铺定位、商品策略、市场定位和平台选择。

店铺定位。走进一家线下实体店，人们一眼就能看出这家店的定位是什么，是海量商品的杂货铺，还是有独特风格的精品店。在速卖通平台上，有明确定位的店铺更容易给客户留下深刻的印象，提高客户的复购率。

商品策略。有些商品适合低利润走量，如橡皮筋；有些商品适合做高利润精品，如真皮包。选择低利润走量的商品要突出其价格优势，选择高利润精品的商品要突出其独特性。

市场定位。全球有近 200 个国家，每个国家的地理环境、社会环境不同，消费习惯也有很大区别，想要一款商品在全球都热卖可能性很小，所以针对目标市场调整商品特性非常重要。比如，一款男士 T 恤在亚洲市场最好卖的码是 M 码和 L 码，XL 码及以上码卖家可能很少备货，但是在北美市场，经常会有买家需要 XXL 码，甚至 XXXL 码。

平台选择。每个跨境电商平台的客户群体都有所不同，在速卖通平台上卖得好的商品不一定在亚马逊平台上也卖得好，反之亦然。所以，在选品时应重点考虑平台因素，充分利用平台提供的信息资源做好市场调研。

3.2 跨境选品的调研方法

3.2.1 跨境平台买家端

1．速卖通平台

平台活动。参加平台活动的一般都是热销品类的商品，如速卖通平台的 SuperDeals。可以在速卖通平台首页单击 SuperDeals 查看活动商品，如图 3-1 所示。

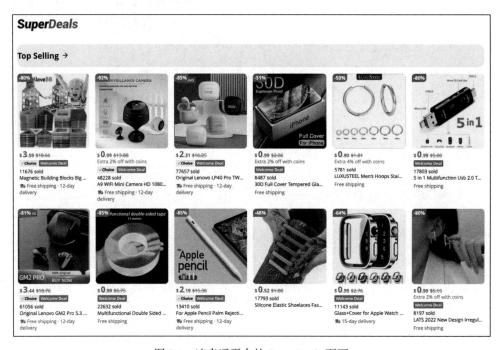

图 3-1 速卖通平台的 SuperDeals 页面

推荐词和关联词。速卖通的搜索框有推荐词和关联词功能。图 3-2 为搜索框下方有推荐词。图 3-3 为输入关键词后，系统列出与关键词相关的热门词汇。图 3-4 为搜索框下方匹配的关联词。

图 3-2 搜索框下方有推荐词

图 3-3　系统列出与关键词相关的热门词汇

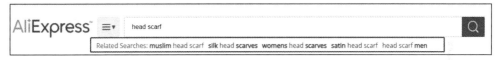

图 3-4　搜索框下方匹配的关联词

同行卖家的商品。在买家首页搜索想了解的商品，如 high heels，设置以销量降序排列，可以查看目前平台上高跟鞋类目下销量好的商品，如图 3-5 所示。

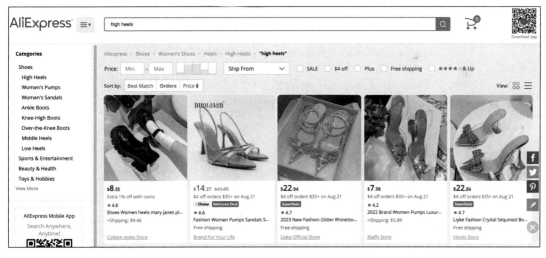

图 3-5　查看同行卖家的商品

2．亚马逊平台

下面这些频道的商品推荐可以作为选品参考，为卖家选品提供灵感。

- Best Sellers 是某个类目下最受欢迎的商品，数据每小时更新一次。在商品展示页，有些商品的左上角会显示橙色的 "Best Seller"，如图 3-6 所示。将鼠标指针指向 "Best Seller" 后，右侧会显示该商品的类目，图 3-6 的类目为 "in Women's Mules & Clogs"，单击之后即展示该类目下的热销商品，如图 3-7 所示。

图 3-6　有些商品的左上角会显示橙色的"Best Seller"

图 3-7　Best Sellers in Women's Mules & Clogs 类目下的热销商品

- Hot New Releases 是热门新品榜单，数据每小时更新一次。
- Movers & Shakers 是一天内销量上升最快的商品，通过这个数据可以寻找潜力商品。
- Most Wished For 是愿望清单，是买家想买但是还没买的商品，一旦愿望清单里的商品降价，平台就会主动发通知给买家。
- Gift Ideas 是最受欢迎的礼品，如果你的商品具有礼品属性，就可以关注这个数据，它会每日及时更新。

卖家需要注意，不同国家的市场，热销商品会有所不同。

有了初步的选品目标后，需要进一步了解平台上同类或相似商品的销售情况，通过观察"Review"和"Best Sellers Rank"（BSR）两个数据可以判断市场容量和竞争情况。

例如，想要了解玩具汽车的市场容量，可以搜索"玩具汽车"，把销量最多的几款商品的"Review"数量相加，通过结果预估市场容量。如果"Review"数量总和只有几十或一百多，则说明市场容量很小，缺乏开拓空间。

打开销量最多的几款商品的详情页，查看它们的 BSR 排名。图 3-8 是一款评论数量有 1700 多条的玩具汽车的 BSR 排名，在最大的类目 Toys & Games 里排名第 117 位，单击"See Top 100 in Toys & Games"可查看该类目下销量最好的商品，了解这些热销商品中同类目玩具汽车占几个。同理，还可以查看 Pre-Kindergarten Toys 类目下的热销商品中同类目玩具汽车占几个。如果在同类目的 Amazon Best Sellers 列表中，玩具汽车已经占据多个位置，则说明玩具汽车的市场竞争很激烈，大卖家已经占据绝对优势，新进卖家参与竞争难度很大。

Best Sellers Rank	#117 in Toys & Games (See Top 100 in Toys & Games)
	#1 in Children's Die-Cast Vehicles
	#54 in Pre-Kindergarten Toys

图 3-8　一款玩具汽车的 BSR 排名

3.2.2　国外电商网站

做跨境电商需要经常浏览国外网站，可以在 Google 中输入关键词搜索国外的行业网站，了解海外市场最近的热销商品。例如，可以先通过观察欧洲的服装行业网站，了解近期欧洲市场的热销款式，然后在国内的供应商渠道寻找类似款式。由于欧洲的很多商品都是在中国加工的，因此很容易在国内找到相似款。下面介绍不同国家的一些电商网站。

1. 美国电商网站

Walmart（沃尔玛百货）是美国最大的线下零售商，是经营连锁折扣店和仓储式商店的跨国零售公司，也有电商平台。

Best Buy（百思买）是一家美国跨国消费电子公司，专注于消费类电子产品，也有电商平台。

Macy's（梅西百货）是一家美国中档连锁百货公司，以销售消费类商品为主，商品种类丰富，也有电商平台。

Sears（西尔斯）是一家美国著名的连锁百货公司，和梅西百货类似，也有电商平台。

2. 俄罗斯电商网站

Ulmart 是俄罗斯最大的电商平台，成立于 2008 年，经营 12 万种商品，包括家电、手机、计算机、汽配、服装、母婴用品、家装、图书等品类。

Ozon 是俄罗斯老牌电商平台，于 1998 年上线，主营业务为在线销售图书、电子产品、音乐和电影等。

Wildberries 是时尚类电商平台，成立于 2004 年，是俄罗斯本土的鞋服及饰品在线销售平台。

Citilink 是 3C 家电的电商平台，成立于 2008 年，为客户提供数码下载、计算机、3C 家电等商品。

Lamoda 是时尚服装电商平台。

3．巴西电商网站

Mercadolivre 是巴西本土最大的 C2C 平台，利用这个平台可以了解巴西各类商品的物价指数、消费趋势、付款习惯等市场信息。

Americanas 是巴西本土的一家连锁零售商店，1929 年成立于里约热内卢，目前该公司在巴西的 25 个州及首府拥有 860 家实体商店，也有电商平台。

4．西班牙电商网站

Elcorteingles 是西班牙最大的百货集团，也有电商平台，在该平台可以看到一些西班牙本土的商品。

5．法国电商网站

Cdiscount 是法国排名靠前的购物网站，拥有 1600 万个买家，平台经营范围包括文化产品、食品、IT 产品等诸多品类，商品销往南美洲、欧洲、非洲等地。

Fnac 是法国老牌的图书和电子产品零售商，拥有线下数百家实体店，也有电商平台。

PriceMinister 是欧洲地区流量较大的电商平台，总部在法国，主营 3C 家电、时装及家居用品。

La Redoute 是法国时尚品牌，1995 年开始从事网络销售，现覆盖 120 多个国家，拥有 70 多个品牌。

3.2.3 社交媒体热点观察

社交媒体通常是信息和流行的发源地，人们的购买行为经常会受到其他人的影响，如"网红"穿的衣服很快会成为电商平台上的爆款，一线城市流行的服装款式过一段时间会在二、三线城市流行。跨境电商卖家应对社交媒体保持高度关注，特别是和商品类目相关的话题，要从中发掘可能即将流行的商品。下面介绍一些海外常用的社交媒体。

1．Instagram

Instagram 是明星和时尚达人最喜欢用的图片分享网站，Instagram 上出现过很多流行趋势和爆品。Instagram 上的照片大多有独特的风格，"Ins 风"现在已经是电商网站上常用的关键词，用来形容风格类似的商品。

Instagram 创立于 2010 年，以图片和视频分享为主，每月拥有 8 亿个活跃客户，超过 400 亿张照片在这里被分享。客户以年轻时尚人士为主，大多数客户年龄是 18~29 岁，32%的客户是在校大学生。

2．Pinterest

Pinterest 是图片瀑布流，适合客户在手机端浏览图片。在 Instagram 上客户喜欢分享生活方式类的图片，而在 Pinterest 上有很多设计师或其他专业人士分享具有创意的图片。Pinterest 创立于 2010 年，每天约有 200 万个客户在 Pinterest 上保存购物清单，也适合卖家做创意类商品营销。

3．Facebook

Facebook 创立于 2004 年，每天使用 Facebook 的客户高达 14 亿人，Facebook 的客户年龄大多为 25~34 岁。大部分的品牌商或电商卖家都会使用 Facebook 进行选品或营销。在 Facebook 上搜索关注的商品名称，就可以看到一些卖家的销售广告；如果你还不知道卖什么，不如试试搜索 "free shipping" 之类的关键词，出现的商品或许会给你一些灵感。

4．Snapchat

Snapchat 是一款阅后即焚的照片分享 App，每月有 3 亿多个活跃客户，在每天的活跃客户中，有 7700 万个客户来自于美国，60%的客户年龄为 18~34 岁。

5．LinkedIn

LinkedIn 创立于 2002 年，主要是职业人才网站，除个人客户外，还有超过 2000 万个企业客户。LinkedIn 是一个男性客户比例高于女性客户比例的社交平台。

6．Reddit

Reddit 是一个新闻社交论坛，是新鲜事件和热点事件的源头。在 Reddit 中有很多细分版块，每个版块都有一个特定的主题，在一些以产品为主题的版块里，客户会讨论最新的产品，卖家可以在这里找到大量灵感。

7．VK

VK 是目前俄语系国家中最受欢迎的社交网站，俄罗斯的年轻人在这个社交平台上非常活跃，速卖通平台也在 VK 上投入了大量资源为平台做推广。

最后，在开始销售商品前，一定要注意商品是否有侵权的可能，尤其是销售电影周边商品很容易出现侵权行为。

3.3　第三方数据分析选品

市场上有很多提供数据的工具（平台），这些数据可以为我们进行市场调研与选品做参考，下面介绍几个第三方数据分析工具（平台）。

3.3.1 Google Trends

Google Trends（谷歌趋势）通过分析谷歌客户的互联网使用行为，展现全球不同地区客户的搜索趋势，如图3-9所示。谷歌趋势为我们选品、市场调研和做营销计划提供了很好的参考。在这里可以了解行业趋势和商品趋势，还可以了解客户搜索的关键词信息。在谷歌趋势里可以看到每个关键词的搜索趋势，根据趋势升高或降低来判断商品最近的销售情况。

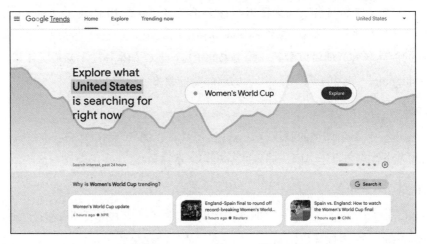

图3-9　Google Trends首页

下面以关键词"wedding dress"（婚纱）为例讲解谷歌趋势的使用方法。搜索关键词"wedding dress"，可以看到过去一段时间内该关键词在全球被搜索的趋势变化，如图3-10所示。图中曲线显示的是过去5年美国市场的"wedding dress"的搜索趋势。

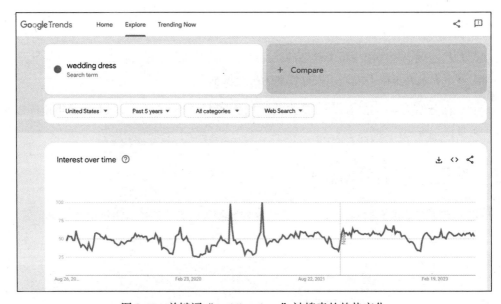

图3-10　关键词"wedding dress"被搜索的趋势变化

图 3-11 显示了美国不同地区的买家搜索 "wedding dress" 的热度。

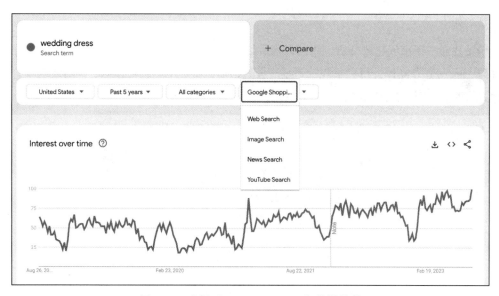

图 3-11 美国不同地区的买家搜索 "wedding dress" 的热度

接下来使用 "Google Shopping" 功能来查看 "wedding dress" 的网购趋势。

选择 "Google Shopping" 数据趋势，在 2018—2023 年关键词 "wedding dress" 有明显的搜索上升趋势，如图 3-12 所示。结合这段时间全球跨境电商交易量的迅速增加，以及智能手机的普及率逐年快速上涨，可以大致判断通过智能手机采购婚纱的买家数量会持续增长。

图 3-12 选择 "Google Shopping" 数据趋势

与婚纱类目相近的还有晚礼服类目，在判断选婚纱还是选晚礼服作为主要销售款的时候，可以通过对比关键词来了解哪种商品的市场需求量更大，如图 3-13 所示。

图 3-13　对比关键词来了解市场需求量

3.3.2　ChatGPT

用好 ChatGPT 可以为卖家选品提供很大的便利性，下面以电动牙刷产品在美国市场的分析为例，讲解如何使用 ChatGPT 来做市场调研。

1. 市场趋势分析

指令如下：

请帮我做一下市场趋势分析，我的目标市场是"美国"，品类是"电动牙刷"，希望分析的平台是"亚马逊"，具体分析项目包括市场规模、市场分析、市场趋势预测、消费者偏好、消费者行为预测，如图 3-14 所示。

图 3-14　ChatGPT 对"美国亚马逊上电动牙刷市场的趋势分析"的解析

2．竞争对手分析

指令如下：

我的行业是"电动牙刷"，请帮我分析在"美国"我的竞争对手的情况，找出主要竞争对手的产品，并分析竞品的优缺点，建议的竞争策略，如图 3-15 所示。

 基于您的要求，以下是关于美国电动牙刷市场的竞争对手分析。请注意，这是基于2021年的数据和趋势，可能需要进一步的实时数据来进行更准确的分析。

主要竞争对手：

1. **Oral-B：**
   - **Listing：** Oral-B Pro 1000 Power Rechargeable Electric Toothbrush
   - **优点：**
     - 强大的品牌知名度
     - 丰富的产品线，涵盖了从入门级到高端的所有产品
     - 与牙医合作，增加了品牌的信誉
   - **缺点：**
     - 价格相对较高
     - 一些用户反馈其电池寿命不长

2. **Philips Sonicare：**
   - **Listing：** Philips Sonicare ProtectiveClean 6100 Rechargeable Electric Toothbrush
   - **优点：**
     - 使用声波技术，提供深层清洁
     - 多种刷头选择，满足不同的需求
     - 电池寿命长
   - **缺点：**
     - 高端产品的价格较高
     - 需要定期更换刷头，增加了长期使用成本

3. **Colgate：**
   - **Listing：** Colgate ProClinical 250R Whitening Rechargeable Electric Toothbrush
   - **优点：**
     - 价格亲民
     - 简单易用，适合初次使用电动牙刷的用户
   - **缺点：**
     - 功能相对简单
     - 与其他高端品牌相比，清洁效果可能稍逊一筹

建议的竞争策略：

1. **差异化产品：** 考虑开发具有独特功能或技术的电动牙刷，如AI辅助刷牙、环保材料等。
2. **价格策略：** 根据目标市场，可以选择高端市场或中低端市场。如果选择中低端市场，则需要确保产品的性价比高。
3. **合作与联盟：** 考虑与牙医或口腔健康机构合作，增加品牌的信誉和知名度。
4. **强化线上营销：** 在亚马逊上进行有效的产品推广，如Sponsored Products、优化产品描述和图片、收集正面评价等。
5. **持续创新：** 随着技术的进步，电动牙刷市场也在不断变化。持续研发和创新是保持竞争力的关键。

图 3-15　ChatGPT 对"美国电动牙刷市场的竞争对手分析"的解析

3．目标客户画像分析

指令如下：

我的目标市场是"美国"，品类是"电动牙刷"，产品优势是"性价比高"，请帮我做目标客户画像分析，如图 3-16 所示。

当我们考虑性价比高的电动牙刷在美国市场的目标用户画像时，我们可以从以下几个维度进行分析：

1. **年龄段**：
   - **青年至中年人群 (25~45岁)**：这个年龄段的人通常已经开始工作，对口腔健康有一定的认知，但可能还没有达到足够的经济能力购买高端的电动牙刷。
2. **收入水平**：
   - **中低收入群体**：考虑到性价比高的优势，这类产品可能更受中低收入人群的欢迎，他们希望以合理的价格获得良好的产品。
3. **生活阶段**：
   - **大学生**：刚刚开始独立生活，可能没有足够的预算购买高端产品，但又希望有一个质量不错的电动牙刷。
   - **新婚夫妇**：可能在寻找性价比高的家居用品。
   - **初为人父母**：他们可能会为自己和家庭购买性价比高的产品。
4. **购物习惯**：
   - **在线购物者**：倾向于在亚马逊、Walmart等在线平台上进行比价和购买。
   - **优惠敏感型**：常常寻找打折、优惠券或促销活动。
5. **生活方式和价值观**：
   - **实用主义者**：更看重产品的功能和性价比，而不是品牌或外观。
   - **环保意识**：可能会选择那些采用可持续材料或有环保认证的产品。
6. **居住地**：
   - **城市和郊区居民**：这些地区的居民更可能接触到电动牙刷的广告和推广，也更容易在线购买。
7. **口腔健康习惯**：
   - **初次尝试电动牙刷的用户**：他们之前使用的可能是传统牙刷，现在想要尝试使用电动牙刷，但不希望花费太多。

建议：

针对这些目标用户，您可以考虑以下策略：

- 在大学附近的实体店或在线平台上进行促销活动。
- 与家居用品或婴儿用品商店合作，提供捆绑销售或优惠。
- 在产品包装和广告中强调性价比和实用性。
- 提供试用或退货政策，以减少初次尝试电动牙刷的用户的购买风险。

总之，了解目标用户的需求和习惯，并根据这些信息制定市场策略，是成功进入美国电动牙刷市场的关键。

图 3-16　ChatGPT 对"电动牙刷在美国市场的目标客户画像"的维度分析

3.3.3　选品工具介绍

市场上有很多专门为电商卖家选品开发的选品工具，这些工具一般收集不同电商平台的销售数据和搜索数据等，通过呈现数据结果来为卖家提供选品参考。

Jungle Scout：亚马逊销量工具，可以看到亚马逊平台上的头部产品的销售额，可以帮助卖家估算市场规模。主要的功能有寻找热销品、搜索供应商、关键词分析及管理。

Keepa：可以查看竞争对手的动向，看他们在做什么活动，什么时候涨价或降价了，通过这样的方式来对自己的产品进行优化，提高自己的竞争力。

SEO Keyword Tools：很多 SEO 工具能够完整呈现品类关键词的长尾词有哪些，如果一个品类词出现了大量的寻找相关信息的关键词，则说明这个品类中的一些需求尚未被满足，这些长尾关键词为我们选品提供了有力参考。

3.4　速卖通数据纵横选品分析

3.4.1　商机发现

为了帮助卖家了解行业动态，速卖通在后台的"数据纵横"数据分析工具中提供了"商机发现"功能，卖家可以将"商机发现"中的数据信息作为选品参考，这里的数据信息同样适合做营销计划，关于营销的部分将在后面的章节中详细说明。

"数据纵横"数据分析工具的"商机发现"功能中有三项数据信息：行业情报、搜索词分析、选品专家，如图 3-17 所示。

图 3-17　"商机发现"功能中的三项数据信息

1．行业情报

笔者选取男装下属类目"卫衣帽衫"子类目进行举例说明。如图 3-18 所示，表格中的"流量分析"和"成交转化分析"数据是指"卫衣帽衫"子类目占上一级父类目总量的比例。"访客数占比"越高的子类目机会越大，"支付金额占比"越高的子类目机会也越大。"市场规模分析"中的"供需指数"数据越大，代表卖家与买家的比例越大，即竞争越激烈。

图 3-18　"行业情报"数据信息

在图 3-19 所示的行业趋势图上，可以看到在所选定的时间段里流量和支付的情况，通过趋势可以判断接下来这个类目可能的走势。

图 3-19　行业趋势图

在图 3-20 所示的行业国家分布图中，可以看到"卫衣帽衫"子类目在各国访客数和支付金额方面所占的比例。美国（US）买家对卫衣、帽衫的需求量明显高于其他国家买家对卫衣、帽衫的需求量，美国买家购买的卫衣、帽衫占平台该子类目总量的 28.95%，而第二名俄罗斯（RU）买家仅占 8.08%。由此可知，美国买家对卫衣、帽衫非常青睐。在第 1 章中笔者提到美国人喜欢穿舒适的服装，卫衣、帽衫的款式正好符合这个需求。我们可以结合美国人喜欢的主题，如嘻哈、摇滚、"超级碗"等开发相关主题的卫衣、帽衫商品。

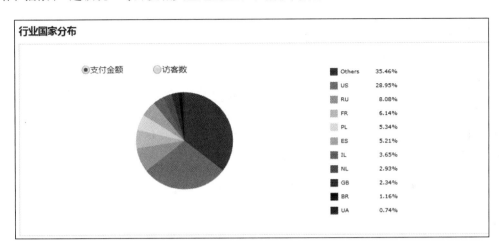

图 3-20　行业国家分布图

2. 选品专家

选品专家页面会显示大小和颜色不同的圆圈，每个圆圈里有一个商品特性的关键词。圆圈大小代表该子类目销量的多少，圆圈越大销量越多；颜色代表该子类目的竞争状况，越偏深竞争越激烈，越偏浅色竞争越不太激烈。在"女装"类目中，如图 3-21 所示，dress（连衣裙）的成交量是最多的，其次是 blouse（短上衣）和 T-shirt（T 恤），这三个子类目的竞争也是最激烈的。

图 3-21　"女装"类目的选品专家页面

选品专家数据信息是我们选品和判断市场的参考，最终选择什么商品还应根据自身情况综合确定。市场容量大的类目，卖家数量也多，在供应链和营销预算方面有实力的卖家可以尝试参与竞争；小卖家要尽量避免与大卖家正面竞争，如 Jumpsuits（连体裤）子类目的销量还不错，竞争也不算太激烈，适合新手卖家尝试。

单击"Jumpsuits"圆圈，可以看到有几个关联的圆圈，这些关联的圆圈代表买家在浏览、点击、购买连体裤的同时也关注了这些子类目，如图 3-22 所示。这种关联关系为我们选品提供了更多的灵感，当我们选择用连体裤作为主推款的时候，可以关联这些款式。例如，在主推一款连体裤服装时，可以搭配销售若干款式的 T 恤，买家可能会一同购买，提高客单价。

图 3-22　关联子类目

3．搜索词分析

"热搜词"是买家最近 7 天在某类目搜索的关键词的排行榜；"飙升词"是搜索数量快速增加的关键词；"零少词"是被极少数人搜索过的关键词。通过搜索词分析可以了解最近哪些商品的热度开始上升，还可以看到搜索该关键词的 Top3 国家是哪些，结合季节的变化、节日的来临、社会的热点等因素，我们可以对未来可能热销的商品进行预判，如图 3-23 所示。

图 3-23　搜索词分析页面

3.4.2　市场行情

在"生意参谋—数据概览"板块中，我们可以了解商品在不同国家的销售情况。图 3-24 为"女装"类目近 30 天在各个国家的销售情况，我们可以选择"高 GMV 高增速"（GMV 为成交总额）的国家作为目标市场，针对这些国家开发商品。美国和俄罗斯这两个国家的买家的支付金额占比最高且远高于其他国家买家的支付金额占比，并且这两个国家国土面积大、人口众多，又是速卖通平台主要开拓的市场，所以要做"女装"类目，美国和俄罗斯一定是重点经营的国家，要针对这两个国家的气候、文化、消费习惯开发商品。以色列买家的支付金额占比也比较高，以色列国土面积不大，人口总数也不多，为什么占比排第三呢？因为以色列买家在中东地区擅长做贸易，有的是在速卖通上小额批发商品，有的是将速卖通平台作为一件代发的供应商，拿到顾客订单后再从速卖通下单。因此，我们可以针对以色列买家开发一些适合当地人的服装款式，并且对买家进行一定的让利，维护长期合作关系。

图 3-24　"女装"类目的"国家市场"板块

第 4 章

市场营销

学习目标：

- 掌握营销策划的思路

- 熟悉速卖通平台提供的营销工具

- 掌握速卖通直通车的使用方法

- 了解速卖通平台的大促活动

- 了解社交媒体营销

4.1　营销策略

每个电商平台都会组织特有的大型促销活动，如AliExpress Global Double 11、Amazon Prime Day。除此之外，电商平台还会利用当地节日开展不同规模的促销活动。活动期间平台流量和销售额都会有显著增长，卖家应积极参与平台活动，以提升销量。

促销是把双刃剑，有人因销量翻好几倍而大赚，也有人因成本计算不当而亏损。应该如何打折、如何在打折之后保持利润，有智慧的卖家应该为促销活动提前做规划，有策略地打折、引流和销售。

4.1.1　商品结构

市场上有一种职业叫作买手（Buyer），一名优秀的买手应该具备数据分析能力、商品策划能力、供应链管理能力和一定的市场营销理念。在跨境电商行业负责选品的人就是在做买手的工作，不仅要判断市场行情，还要做好商品结构的规划。通常，一家店铺会按照商品职能将商品分为三类：引流款（爆款）、利润款、形象款。

引流款的职能是尽可能抢占搜索排序靠前的位置，增加曝光机会，为店铺引流，并带动店铺其他商品的销售。引流款商品有每日稳定销量后，即可称为爆款。引流款商品通常是性价比高的商品，并且适合大部分消费者使用。例如，如果是女装店铺，则引流款通常是适合大部分女性穿着的经典款式，并且提供多个颜色选择，定价较行业中相似款式的定价偏低；如果是电器店铺，则引流款通常是只具备基本功能的商品，并且价格便宜。

利润款的职能是为店铺获取更高的利润，因此其定价会高于引流款的定价。例如，电器类目的利润款会在引流款功能的基础上增加额外的进阶功能，如液晶显示屏、自动感应。如果买家喜欢这些功能，就会多花一部分钱购买，而多出的这部分钱就是卖家更高的利润。

形象款的职能是一家店铺的品牌定位，是一个品牌功能最全、价格最高的款式。例如，一个时尚类奢侈品品牌通常有高级定制、高级成衣/箱包、彩妆和护肤产品，其中高级定制就是形象款，高级成衣/箱包是利润款，彩妆和护肤品是走量的引流款。

速卖通卖家通常把引流款的比例定在30%~50%，卖家可能希望爆款越多越好，但是打造爆款需要成本，并且需要找准市场机会，所以不能做到将所有商品都卖成爆款，这时就需要补充其他商品种类来完善店铺的商品结构。商品种类之间有关联才适合做搭配销售，买家若能在一家店铺买齐所需商品，自然会提高客单价。同时，商品种类太多会增加库存管理的难度，卖家应根据自身情况不断优化库存管理。

4.1.2　商品定价

在计算定价前应充分了解商品的所有成本，**成本=商品成本+国际运费+佣金+其他**，公式中的每项因素都有变动性。

商品成本指商品本身的成本，除采购费用外，还包括商品包装成本、从供应商处运输至卖家仓库所需的运费、可能存在的破损概率和物流小包丢失的风险等。

国际运费指包裹寄到买家手上的国际运费，如果是海外仓，则还需要计算商品运输至海外仓的头程运费和清关费，以及存放在海外仓的仓储费和打包服务费。对于包邮的商品，这些费用都应算入成本。

佣金包括平台销售佣金、提现手续费、联盟营销佣金、直通车费用和其他营销费用。

其他成本包括人工费、房租、水电费等。

定价=成本+利润。在考虑利润的时候应提前预留出打折空间，卖家在参加速卖通平台活动时，会要求至少有50%的折扣，所以理论上利润至少应该是成本的1倍，即定价=成本×(1+1)。如果买家一次购买了多件商品，那么平摊到每件商品的运费成本是不是就降低了呢？为了使引流款商品更有竞争力，可以适当降低利润的比例，如定价=成本×(1+0.8)；而对于利润款商品，可以适当提高利润比例。综上所述，利润的比例可以是成本的0.8~3倍。

一件商品有三种价格状态：上架价格，即上传商品时填写的价格，可以理解为原价；销售价格，即打折后显示的价格；成交价格，即除单件商品打折外，店铺还会做满立减等营销活动，客户最终下单支付时会有另外一个成交价格。

当商品数量很多时，不可能对每件商品依次计算定价，新手卖家最好根据自己的成本情况制定一个价格计算表，为不同职能的商品制定不同的利润比例，可以很方便地计算出商品定价。如图 4-1 所示，在包邮商品定价公式中，商品的总成本是商品成本与国际运费之和，其中有底纹的部分需要卖家输入数值，加粗的数值是计算之后的结果，最后别忘了把价格换算成美元。

国际运费计算公式

运费单价 （单位：元/kg）	商品重量 （单位：g）	包装重量 （单位：g）	挂号费 （单位：元）	运费折扣	国际运费总额 （单位：元）
113.7	150	15	6	90%	**22**

包邮商品定价公式

定价(元)	商品成本(元)	国际运费(元)	利润/(成本+运费)	利润(元)	50%Off(元)	40%Off(元)	30%Off(元)
195	50	22	2	145	**97**	**117**	**136**

图 4-1　价格计算表示例

计算出商品定价后，可以去平台上看看其他卖家的定价，查看相同的商品自己定的价格是否有竞争力。中小卖家不建议参与价格战，如果其他卖家已经把价格压得很低了，那么就该考虑做差异化商品，即"人无我有，人有我优"，寻找优质的商品、争取合理的利润才能持续发展。

4.1.3　推广计划

一场营销活动需要公司内部和外部的不同团队进行协作，即使是小团队运作，也要尽量将计划写下来，这样在准备和执行阶段才不会遗漏必要的环节。在设置推广计划时可以从以下方面进行考虑。

1．确定推广目标

有明确目标的推广活动的最终结果与没有目标的推广活动的最终结果有明显的区别。目标可分为总目标和分目标。例如，当年"双 11"店铺的总目标是销售额达到 5 万美元，分目标是三款主推商品要完成 3 万美元的销售额，其他商品完成 2 万美元的销售额。按照以上销售额目标，可以进一步细化为引流目标：过去 30 天店铺客单价是 25 美元，要完成 5 万美元的销售额，需要 2000 位客户下单，过去 30 天的平均转化率是 4.1%，即需要引入大约 49000 个访客流量才能实现。将引流总目标分配给各个渠道，使每个渠道负责人都有清晰的分目标。

2．做好商品分层

选择销量大、转化率高、客户反馈好的商品作为主推商品，用这些商品去引流，报名参加平台大促销的秒杀活动，或者参加平台主会场 5 折精品活动。主推商品的折扣一般在 40%~60%，为了促进全店商品的销售，也要给其他商品设置 15%~30%的折扣。

3．设置优惠政策

给主推商品设置一个有吸引力的折扣，如果平时的折扣是 40%，则在"双 11"时可以将折扣设置为 50%，店铺内的其他商品也可以设置适当的折扣。

可以使用速卖通提供的店铺自主营销工具设置满立减、优惠券等活动，设置优惠政策时要考虑实际的成本，不要亏本销售，设计优惠政策的目的是提升转化率、提高客单价。

4．策划推广渠道

速卖通站内推广渠道包括橱窗推荐、直通车、各类平台活动、联盟营销等，将能争取到的推广资源列在表格中，并预测每个渠道可以引入多少流量，根据以往店铺平均转化率预测这些流量可以完成多少销售额。

唤回老客户，挖掘老客户价值，将优惠信息发送给老客户，并给老客户发送定向优惠券。

开发站外资源，与网红合作，开展社交媒体营销。

把能使用的资源都列在表格中，按照列表准备推广素材。推广素材包括图片、视频、商品链接、特定渠道的优惠券、给网红的返佣链接等。如果没有整理成列表，则这些琐碎的工作很容易被遗漏，影响整个推广活动的开展。

5．设计关联营销

所有的推广渠道都会把流量引到主推商品，要想让客户买更多的商品，就要设计好关联营销，增加店铺内其他商品的曝光机会，或者通过优惠政策（如满 99 元减 5 元）引导客户浏览更多商品，提高客单价。

6．沟通客服话术

在营销活动期间，客户可能有一些特别的问题，如优惠政策怎样使用、新客户怎样使用平台功能等。把客户可能提出的问题提前录入客服话术库，提高活动期间的客户服务效率。

7．协调供应仓储

提前检查库存是否能够满足活动需求，如果库存不足，则要及时补货，避免供应商出现断货的情况；如果需要向工厂下单生产商品，则要预留生产周期，并且考虑活动期间工厂订单量激增无法按时交付的情况，提前预留弹性时间。

在活动期间，发货压力也会突然增加，发错货的概率会变大，跨境电商包裹退回来的成本很高，如果发错货，则只能支付高额运费退回来，或者折价卖给买家，无论选择哪种方式，对卖家来说都有很大的损失。因此，要给发错率定一个标准，帮助发货团队合理安排发货流程、加快发货速度、降低发错率。

4.2　速卖通店铺自主营销

4.2.1　店铺营销工具

速卖通平台为卖家提供了六种自主营销工具，分别是限时限量折扣、全店铺打折、满件折/满立减、店铺优惠券、购物券和店铺互动。在店铺运营过程中，卖家可以有策略地使用这些营销工具。

1．限时限量折扣

限时限量折扣可以提升店铺人气、活跃气氛，增加客户的购买欲望。限时限量折扣适合推新款、打造爆款、清库存和优化排名，使用特点如下。

- 每月可创建 60 组活动，总时长共 2880 小时。
- 可以为定向人群（新客户或关注店铺的客户）设置专享优惠。
- 创建后 12 小时生效，活动商品生效前后无法修改状态。
- 可跨月设置活动，可控制供应数量。

- 全店铺打折和限时限量折扣的时间及折扣力度均以限时限量折扣优先。
- 同一款商品可同时报名时间不冲突的限时限量折扣活动和平台其他活动（除团购和秒杀外）；当限时限量折扣活动和全店铺打折活动时间冲突时，优先展示限时限量折扣活动。

例如，卖家小王针对A商品设置了以下活动：

（1）A商品参加全店铺打折活动，活动时间是1月3日00:00—1月15日00:00，A商品的折扣为20%；

（2）A商品参加限时限量折扣活动，活动时间是1月6日00:00—1月8日00:00，A商品的折扣为40%；

（3）A商品参加了平台活动，活动时间是1月9日00:00—1月10日00:00，A商品的折扣为50%。

在1月3日—1月15日，A商品的销售折扣经历了5个阶段的波动：

（1）1月3日—1月5日，20%折扣；

（2）1月6日—1月7日，40%折扣；

（3）1月8日，20%折扣；

（4）1月9日，50%折扣；

（5）1月10日—1月14日，20%折扣。

A商品折扣情况如图4-2所示。

图4-2　A商品折扣情况

限时限量折扣活动由三部分构成，即活动名称、开始时间和结束时间，设置步骤如下。

（1）单击"营销活动"→"店铺活动"命令，在"限时限量折扣"选项卡中单击"创建活动"按钮，如图4-3所示。

图 4-3 单击"创建活动"按钮

（2）在打开的页面中输入活动名称，设置活动开始时间和活动结束时间，单击"确定"按钮，如图 4-4 所示。活动名称的设置应简洁明了，如"新款推荐"。设置的时间应是美国太平洋时间，通常将活动时间设置为一周左右，时间设置得太长，客户会缺乏紧迫感。

图 4-4 设置活动名称、活动开始时间和活动结束时间

（3）活动时间设置完毕后，单击"添加商品"按钮，如图 4-5 所示。选择参加折扣活动的商品，之后设置折扣率和限购数量，设置方法如图 4-6 和图 4-7 所示。

图 4-5　单击"添加商品"按钮

图 4-6　选择参加折扣活动的商品

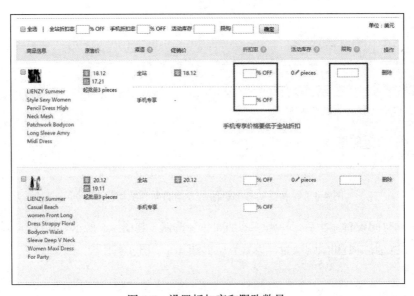

图 4-7　设置折扣率和限购数量

（4）设置完成的活动有 4 个不同的阶段：未开始、等待展示（6 小时后）、展示中、已结束。图 4-8 所示的示例显示了 3 个活动商品的 3 个阶段。

创建活动					活动状态：全部 ▼	
活动名称	活动开始时间	活动结束时间	当前状态	商品数	操作	
Fashion T Shirt Discount	2019/03/20 00:00	2019/03/27 23:59	未开始	10	编辑 复制	
New Arrival	2019/03/10 10:00	2019/03/15 29:59	等待展示	15	复制	
Spring Discount	2019/03/01 00:00	2019/03/09 29:59	已结束	10	复制	

图 4-8 3 个活动商品的 3 个阶段

设置限时限量折扣的注意事项如下。

- 准确核对库存，如果商品有多个 SKU，则该商品下的所有 SKU 商品普通库存量非 0 且 "正在销售" 状态的均会参加到活动中。
- 目前全站活动和手机专享活动不支持独立库存，卖家需设置恰当的活动折扣率以避免预期外的损失。
- 对于手机专享活动，同一款商品必须先设置全站折扣，才能设置手机专享折扣。若设置手机专享折扣，则需要低于全站折扣；若不设置手机专享折扣，则手机端价格根据全站折扣率售卖。
- 前期商品定价要考虑折扣空间，如果某一款商品参加活动并参加 50% 的折扣，则在初次输入商品定价时要预先留好折扣空间。
- 商品分组，在上传商品时把所有准备参加活动的商品放到一个分组里，方便以后按组设置营销活动。
- 联合营销，设置限时限量折扣的同时可以联合其他营销工具一起使用，加大营销力度。

2. 全店铺打折

全店铺打折是店铺自主营销 "四大利器" 之首的活动，对于新店铺效果明显，能快速提高店铺销量和信用，增加店铺综合曝光率。全店铺打折活动有 3 个使用特点：

- 每月 20 次活动，共 720 小时，可以跨月设置活动；
- 创建后 24 小时生效，活动开始前的 12 小时不可编辑商品信息；
- 可根据不同折扣力度设置营销分组。

设置全店铺打折需要注意以下几点：

- 全店铺打折的开始时间为美国太平洋时间，创建的活动在 24 小时后生效；
- 在设置全店铺打折前，要对店铺中所有商品的利润进行把控，避免出现某一款商品亏本销售的情况；
- 提前做好活动计划，当活动处于等待展示阶段时，不能再修改活动信息，因此要提前做好计划再操作。

设置营销分组可以帮助卖家有效地控制店铺所有商品的折扣力度，建议卖家在设置营销分组时把可以接受相同折扣率的商品放在同一个组里，以后设置全店铺打折时就能清晰地看到折扣力度的控制范围。要进行营销分组设置，可以单击"营销活动"→"店铺活动"命令，在"全店铺打折"选项卡中单击"营销分组设置"按钮。

进入营销分组设置页面后，把每款商品的利润进行整体核算，清楚每款商品最高能设置多少折扣、利润空间有多少。图 4-9 是一个已经做好的营销分组，可以看到，最高折扣相同的商品被统一放在一个组里。

我的速卖通	产品管理	交易	站内信	店铺	账号及认证	**营销活动**	数据纵横

营销分组 - 编辑分组

营销分组10个，共有产品2396个

组名	组内产品管理	操作
10% discount	组内产品管理	⬜ ✛ ✕
15% discount	组内产品管理	⬜ ✛ ✕
20% discount OFF	组内产品管理	⬜ ✛ ✕
20% discount	组内产品管理	⬜ ✛ ✕
40% discount	组内产品管理	⬜ ✛ ✕
50% discount	组内产品管理	⬜ ✛ ✕
55%off	组内产品管理	⬜ ✛ ✕
25%off	组内产品管理	⬜ ✛ ✕
30%OFF	组内产品管理	⬜ ✛ ✕
35% off	组内产品管理	⬜ ✛ ✕

营销活动
平台活动
店铺活动
营销分组
活动规则
客户管理
历史客户统计与营销
联盟营销
联盟看板
佣金设置
我的主推产品
流量报表
订单报表
退款报表
成交详情报表
速卖通直通车
直通车概况
推广管理
数据报告
账户设置

图 4-9　设置营销分组

例如，"10% discount"组的商品只有 10%的利润，在参加全店铺打折活动时，这个组的商品最高只能设置 10%的折扣，如果设置 5% 的折扣，则卖家就有 5%的利润。这样全店铺的利润就可以清晰地把控。对于某个组内商品的管理，有"添加产品""移出分组""调整分组"3个功能，如图 4-10 所示。

图 4-10 管理组内商品

- 添加产品：要添加更多相同折扣的商品到同一个组中，可以使用这个动能。
- 移出分组：把商品移出原来的组，被移出之后，系统默认将其放到"Other"组中，在参加全店铺打折活动时，要特别注意"Other"组的折扣设置。
- 调整分组：将某个组的商品调整到其他组，可以使用这个功能。

设置好营销分组后，就可以设置全店铺打折了。单击"营销活动"→"店铺活动"命令，在"全店铺打折"选项卡中单击"创建活动"按钮，如图 4-11 所示。

图 4-11 单击"创建活动"按钮

打开活动设置页面，如图 4-12 所示。该页面主要由"活动基本信息""活动商品及促销规则"两部分构成。活动基本信息由活动名称、活动开始时间和活动结束时间组成。

图 4-12　活动设置页面

下面是活动商品及促销规则的填写事项。

- 命名：活动名称的命名原则是让人一目了然，可以直接在"活动名称"文本框中输入"月底大促销"，方便后续观察活动效果。
- 周期：设置活动开始时间和活动结束时间，由于全店铺打折活动的力度比较大，因此全店铺打折时间不宜设置得过长，建议时间在 3 天内。
- 注意"Other"组：不在分组里的商品全都默认被放进"Other"组，卖家在为"Other"组设置折扣时，要仔细查看这个组里的商品再操作，避免折扣力度过大导致亏本。
- 结合 CRM 进行营销：进行客户分析，使用邮件等营销工具，有针对性地给目标客户发送促销计划。
- 推广：在全店铺打折期间，最好能 24 小时进行直通车推广，通过直通车引流新客户。客户进入店铺之后，发现店铺内的所有商品都在打折，很有可能顺带买一些商品，自然就提高了客单价。

3．满件折/满立减

满件折/满立减功能的主要作用是提高客单价和关联商品的转化率，其展示页面如图 4-13 所示。

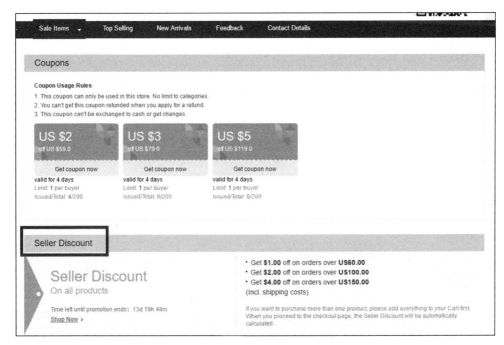

图 4-13　满件折/满立减展示页面

满件折/满立减的使用特点有以下几个方面：

- 满件折活动和满立减活动均不限制活动时长和活动次数；
- 满件折/满立减的优惠与店铺其他优惠可以叠加使用，买家购买时以折扣后的价格计入满件折/满立减规则；
- 可以设置多梯度满减；
- 可以针对部分商品和所有商品设置活动范围。

设置满件折/满立减的目的是提高客单价，在设置之前应对店铺以往的客单价有充分的了解，从而合理设置折扣力度。想了解店铺以往的客单价，可以单击“数据纵横”→“商铺概况”命令，查找最近 30 天的交易情况。店铺满立减分为“全店铺满立减”“商品满立减”两种，它们的区别在于参加满立减活动的商品数量，一个是全店铺商品参加，另一个是部分商品参加。

单击“营销活动”→“店铺活动”命令，在“满件折/满立减”选项卡中单击“创建活动”按钮，如图 4-14 所示，就可以进行满件折/满立减的设置了。

图 4-14　单击"创建活动"按钮

设置满件折/满立减活动需要卖家填写"活动基本信息""活动商品及促销规则"，如图 4-15 所示。

图 4-15　卖家填写"活动基本信息""活动商品及促销规则"

活动类型有"全店铺满立减""商品满立减""全店铺满件折""商品满件折"4 种。全店铺满件折/满立减默认选择全店商品；商品满件折/满立减需要卖家选择参加活动的商品，每次最多可以添加 200 款商品。在设置活动开始时间和活动结束时间时，需要注意：

- 同时使用打折工具和满件折/满立减工具时一定要计算好利润空间，优惠政策生效后减掉的金额可能会超出你的利润承受范围；
- 活动开始后无法编辑商品信息，也无法退出活动；
- 参加平台秒杀、手机抢购、预售、试用等活动时无法同时享受满件折/满立减。

4．店铺优惠券

使用店铺优惠券可以提高客单价，刺激买家下单，为店铺引流。优惠券金额的设置比较灵活，可以设置小金额的优惠券，也可以设置使用门槛。海外客户有使用优惠券的习惯，拿到优惠券的客户很大比例会把优惠券使用掉。优惠券的使用有以下特点：

- 店铺优惠券设置后即生效（实际可能会有 1~2 小时延时）；
- 优惠券分为 5 种类型，即领取型优惠券、定向优惠券、金币兑换优惠券、秒抢优惠券和聚人气优惠券；
- 优惠券分有条件优惠券和无条件优惠券；
- 每个订单只能使用一张优惠券。

下面以领取型优惠券的设置为例讲解设置店铺优惠券的操作步骤，其他 4 种优惠券的设置步骤不展开介绍。

单击"营销活动"→"店铺活动"命令，在"店铺优惠券"选项卡的"领取型优惠券活动"中单击"添加优惠券"按钮，打开创建领取型优惠券的页面，如图 4-16 所示。

图 4-16　创建领取型优惠券的页面

领取型优惠券的创建页面由 3 部分构成：活动基本信息、优惠券领取规则设置、优惠券使用规则设置。

在创建领取型优惠券时，有以下几点需要注意。

- 面额：为了提高客单价，可以设置有门槛的优惠券。例如，某家店铺的客单价为 15.41 美元，可以设置满 2~20 美元的优惠券。为了提高转化率，在店铺能承受的前提下，也可以设置不限条件的优惠券。
- 活动开始时间和活动结束时间：如果没有其他因素限制，活动时间可以持续 7~10 天。
- 使用条件：设置不限条件的优惠券，就直接选择"不限"单选按钮；设置需要满足一定条件的优惠券，输入使用该优惠券需要满足的金额即可。

5. 购物券

购物券是平台发起、卖家参与的。例如，平台针对周年大促活动向客户发放总金额为 100 000 美元的购物券，卖家可以认领其中一部分购物券。卖家可以为购物券选择一种使用方式，如满 2~15 美元即可使用。客户在领取购物券之后只要满足门槛即可使用，可以在同一家店铺使用，也可以跨店铺使用。

6. 店铺互动

店铺互动是指卖家可以设置"翻牌子""打泡泡""收藏有礼"3 种互动活动，可以对活动时间、客户互动次数和奖品进行设置，通过店铺互动给店铺引流。

4.2.2　关联营销

关联营销是指在一个页面中同时推荐了其他同类、同品牌、可搭配的关联商品。前面我们讲过每款商品都有自己的职能，通过引流款把客户引入店铺，再通过关联营销的方式让客户多买。关联营销的形式有很多，包括直接在详情页中放置其他款式的商品介绍、向客户推荐比购买单一商品更实惠的组合套餐、在客户将要结账时提供优惠换购商品等。关联营销可以提升转化率、提高客单价、提高店铺内商品的曝光率。

1. 商品搭配

关联营销的商品搭配方法有以下几种。

- 搭配关联：搭配推荐的商品和主推商品可以同时在一个场景下使用，如充电宝和充电线、上衣和裤子。
- 替代关联：搭配推荐的商品可以替代主推商品，通常在一个使用场景下只能选其一，如长裙和短裙、红色 T 恤和白色 T 恤。
- 满足同类需求关联：搭配推荐的商品和主推商品满足同一个消费者的相似需求，如奶瓶和尿不湿、登山鞋和户外帐篷。

图 4-17 是替代关联的案例，在一个商品详情页中推荐了不同款式的女童裙子。

图 4-17　替代关联的案例

2．关联营销的位置

关联营销可以设置在商品详情页的顶部和底部。商品详情页顶部通常设置主力推荐的关联营销商品，为了提高关联营销的转化率，还可以设置购买套餐的优惠政策。商品详情页底部通常设置替代关联的商品，可以挽留看完商品详情页未产生购买欲望的客户。

为了使关联营销效果更优，在设置关联营销时应突出主推商品，搭配套餐要满足客户的某种特定需求，如购买组合套餐更优惠。可以多测试几款搭配的商品，从数据判断如何搭配可以最大化地提高转化率。

4.2.3　橱窗推荐

速卖通橱窗位通过增加商品的排序分值来提高商品的曝光度，在同等条件下，橱窗商品比非橱窗商品排名靠前。速卖通的橱窗没有特定的展示位置，但是可以有效提升商品曝光度，有效提高卖家 GMV（Gross Merchandise Volume，成交总额）。图 4-18 是店铺等级和橱窗位的关系，要增加橱窗位，首先要提高卖家服务等级，也就是减少店铺的不良体验订单量、提升店铺的好评率。

卖家服务等级详解				
	不及格	及格	挽升	优秀
定义描述	上月每日服务分均值小于60分	上月每日服务分均值大于或等于60分且小于80分	上月每日服务分均值大于或等于80分且小于90分	上月每日服务分均值大于或等于90分
橱窗推荐数	无	无	1个	3个
平台活动权利	不允许参加	正常参加	正常参加	优先参加
营销邮件数量	0	1000	2000	5000

图 4-18　店铺等级和橱窗位的关系

橱窗推荐的商品数量是有限的，因此要选择最优的商品，利用橱窗推荐带来的曝光度有效地提高成交量。我们可以根据商品过往的销售数据，选择点击率高、转化率高、好评率高、收藏数量多的商品做橱窗推荐，这些商品经过市场验证，积累了一定数量且正面的买家评价，可以有效承接流量并转化为订单。反之，刚上新的商品由于没有经过市场验证，不确定是否可以有效转化，因此不适合做橱窗推荐。

要设置橱窗推荐，可以打开卖家后台页面，在"店铺动态中心"中会显示橱窗推荐可使用的数量，如图 4-19 所示。

图 4-19　卖家后台页面

在有橱窗推荐可使用的情况下，单击"产品管理"→"管理产品"命令，在打开的页面中单击"更多操作"下拉按钮，在打开的下拉列表中选择"橱窗推荐"选项，如图 4-20 所示。

图 4-20　在下拉列表中选择"橱窗推荐"选项

4.2.4 客户关系营销

1．策划客户关系营销

跨境电商行业引流成本越来越高,开发一位新客户的成本是维护一位老客户成本的 5~8 倍,我们可以合理利用老客户资源,降低营销成本。客户关系管理（CRM）可以有效地帮助我们了解客户需求、发掘市场潜力、降低营销成本、稳定销售业绩。店铺客户关系营销的重要性如下:

- 提升客户黏性,提高老客户回头率,稳定客户群;
- 提高客单价,引导客户增加购买数量;
- 稳定销售业绩,降低营销成本;
- 形成口碑传播是最好的营销方式;
- 提升客户体验、店铺等级和 DSR 评分;
- 改进生产工艺或销售流程,获取终端客户的反馈,促使卖家自身改进。

在开展客户营销工作之前,必须做好客户信息收集和客户分类工作。首先是客户信息收集,一切有利于做客户营销的数据都可以收集,如客户所在地、性别、年龄、下单金额、在平台上的账户等级等。其次,针对收集的信息进行分类,可以按照不同维度进行分类,如以平台账户等级区分初级买家、中级买家、高级买家。最后,针对不同类别的客户群体有针对性地设计营销方案。

我们以客户生命周期作为划分维度进行讲解。在经典零售学里有一个客户生命周期的概念,处于不同周期中的客户与企业之间的关系不同,为企业贡献的价值也不同。我们可以围绕客户生命周期策划客户关系营销,定期进行客户激活,尽量延长客户处于活跃期的时长,培养客户的品牌忠诚度。跨境电商零售与传统零售相比,客户生命周期中的引入期明显缩短,甚至没有明显的引入期。如图 4-21 所示是跨境电商零售客户生命周期的发展趋势,如果我们没有对老客户进行激活,则在下单三个月后老客户可能就永远流失了。对老客户进行定期激活,老客户生命周期的发展趋势可能如图 4-22 所示,老客户会周期性地回来下单,最终变成忠诚客户。

图 4-21 跨境电商零售客户生命周期的发展趋势

图 4-22　对老客户进行定期激活的客户生命周期的发展趋势

设计客户关系营销的思路如下。

- 在客户下单到货物签收期间，可以与客户沟通的信息有催付款、发货情况、赠品情况、物流信息，在物流延误时主动为客户查询物流状态，目的是提供优质的服务。
- 当客户签收货物后，可以向客户提供使用说明，邀请客户参加好评送券、分享有礼等活动，为商品积累优质的评价，提升店铺 DSR 评分。
- 在客户活跃期，可以进行 1~2 次营销，主题如新品上架、定向优惠券。
- 在沉默期和睡眠期，可以进行 3~4 次营销，主题如店铺活动、定向优惠券、VIP 专享。
- 在流失期，可以进行 1~2 次营销，主题如节日关怀、会员特权提醒。
- 针对处于消亡期的客户，可以在每年大促期间进行一次营销维护。

在设计客户关系营销时不可贪多，应该控制营销频率，频繁地打扰客户会使客户反感，效果适得其反。

2. 速卖通客户关系营销工具

速卖通为卖家提供了很好的客户管理工具和客户营销通道，单击"营销活动"→"客户管理与营销"→"客户管理"命令，打开图 4-23 所示的页面，在店铺内下过单的客户的相关信息都会被记录下来（但是基于欧盟 GDPR 即《通用数据保护条例》，不能查询和保存未经欧盟客户同意的信息）。

在"客户分组规则管理"选项卡中可以按照我们设计的维度对客户进行分组，假如我们定义活跃期的客户是指最近 30 天访问过店铺，并且在店铺中浏览页面数大于或等于 2 的客户，按照这个维度筛选出 1329 位客户，在右侧单击"定向营销"下拉按钮，在弹出的下拉列表中选择合适的选项，就可以为这个分组客户发送定向优惠券，或者发送营销邮件，如图 4-24 所示。

图 4-23 在店铺内下过单的客户信息营销

图 4-24 对客户进行分组营销

3. "粉丝"营销

速卖通后台客户关系营销中还有一个工具是针对店铺"粉丝"进行营销，类似淘宝网中的"微淘"，如图 4-25 所示是从买家端看到的"粉丝"营销效果。在"粉丝趴"上可以刊登上新帖、文章帖，设置"粉丝"专享价，其中"粉丝"专享价的转化效果最好。在运营"粉丝趴"上的内容帖时，要注意选择对客户有价值的内容，多放优质的图片，因为这是一个读图的时代，相比于阅读文字，客户更喜欢看图片。

4.2.5 实时营销

利用实时营销功能可以随时观察客户动向，及时与客户互动，提高转化率和客户黏度。

单击"数据纵横"→"实时营销"命令，在打开的实时营销页面中可以观察实时访客的信息，这些信息包括访客 ID、会员等级、访客类型、访客行为、首访时间、浏览量、添加收藏次数和下单金额等，如图 4-26 所示。

图 4-25 "粉丝"营销

图 4-26 实时营销页面

针对实时访客有两种营销方式："一键催付""定时定向优惠券"。对于已下单但未付款的客户，可以使用"一键催付"功能，如图 4-27 所示，催付信息会在客户下单时以订单留言的形式提醒客户。

图 4-27 使用"一键催付"功能

对于已将商品加入收藏夹的客户，可以使用"定时定向优惠券"功能催促客户下单，如图 4-28 所示。

图 4-28 使用"定时定向优惠券"功能

4.3 速卖通平台活动

平台活动是指由平台组织、卖家参与的主题营销活动，以促进销售为主要目的。通常，活动期间的买家流量和下单数量会显著增加，参加活动的卖家在活动期间成交订单量会激增，短期内订单量大幅上涨通常称为"爆单"。平台作为活动组织方会对参与活动的卖家和商品有一定要求，符合要求的卖家可以自主选择报名，如果卖家报名的商品数量超过平台预设的数量，平台就会对报名的商品进行筛选。下面介绍速卖通平台的大促活动和参与方式。

4.3.1 PC 端平台活动

1．天天特价活动（Flash Deal）

天天特价活动流量非常大，参加该活动的商品要求近 30 天全球销量在 30 件以上，参加活动的价格是近 30 天的最低价，要求至少设置俄罗斯、美国、英国、西班牙、法国免邮。报名时会被要求填写参加活动的库存数量，在活动中该库存售罄即停止销售。这里要注意，在填写库存数量时不要申报太少，也不要申报太多。数量少，很快售罄，浪费流量；数量多，到活动结束还没有售罄，可能影响下一次报名。

2．俄罗斯团购

俄罗斯团购是针对俄语系市场的营销活动，参加该活动的商品必须对俄罗斯、乌克兰、白俄罗斯包邮，而且该商品近 30 天在俄语系国家的销量要大于或等于 4 件。

4.3.2　App 端平台活动

1．无线试用频道（Freebies）

在无线试用频道，客户可以申请免费试用，如果被平台选中，即可获得试用商品，试用者在收到商品后需要提交详细的试用报告。利用无线试用频道的资源，卖家可以为新品积累非常优质的客户反馈，有利于后期转化率的提升。在报名无线试用时最好选择新、奇、特且价格不太低的商品。

2．无线金币活动（Coins & Coupons）

客户可以用一定数量的金币抵扣部分货款，买到低价商品。

4.3.3　平台大促

速卖通每年最主要的大促是"328 周年"大促和全球"双 11"大促。为了在这两次大促中取得好成绩，卖家需要提前几个月开始做准备。计划在大促期间参加活动的商品，要在前几个月多参与活动进行预热，并将 DSR 评分控制在 4.5 分以上。大促期间所有能报名的资源都要尽可能争取。

4.4　推广和引流

4.4.1　站内自然搜索流量

搜索引擎会根据每款商品的搜索权重对商品进行排序展示，要获得更多的自然搜索流量，就必须遵守排序规则，并且完善商品信息让商品得到更高的权重。搜索排序规则在第 2.4.2 小节已经详细说明，要完善的商品信息主要包括商品属性和商品标题两部分。

1．商品属性的完整和正确

完整且正确的商品属性可以有效提升买家体验。完整的商品属性有助于提升排名、增加曝光率。商品属性填写完整后，客户在搜索任何一个和卖家的商品有关的关键词时，卖家的商品都可以被展示。正确的商品属性有助于提高转化率，如果客户通过关键词搜索到卖家的商品，但是商品本身并不符合这个关键词的特点，就会给客户造成不好的购物体验，并且客户最终不会下单。

如图 4-29 所示是男士休闲鞋类目下的商品属性，其中标星号的是必填项，标叹号的是重要项，建议卖家将属性填写完整。为了规范卖家填写属性内容，部分属性是可以通过下拉列表进行选择的，如右侧"鞋面材质"下拉列表中基本涵盖了所有可能用来做鞋面的材质。所有规定的属性填写完成后，底部还有"添加自定义属性"选项，可以根据需要自行添加，这里建议卖家将未详尽描述的属性进行补充。自定义属性可以填写颜色、尺码等。

图 4-29　男士休闲鞋类目下的商品属性

　　如何找到搜索流量大的属性词呢？可以使用速卖通的"数据纵横"工具。打开"数据纵横"后进入选品专家，查看"TOP 热销属性"页面，如图 4-30 所示。可以看到，在 leather casual shoes 周围有很多小圆圈，每个圆圈都是一个相关属性，每个小圆圈中都有一个"+"，单击后可以显示更多的相关属性词。图 4-30 的方框中展示的是 shoes type 相关属性词。圆圈越大表示销量越多，我们可以在这里找到一些销量多的属性词，将其添加到商品自定义属性中。

图 4-30　"TOP 热销属性"页面

2．商品标题的优化

（1）标题排布优化。

标题最多可以填写包含空格在内的 128 个字符，要尽量把这 128 个字符写满，并且每个词都要经过筛选，因为输入的每个词都会关系到搜索排序的结果和点击转化的结果。标题中的前 50 个字符是最重要的，因为在搜索结果页中只能展示标题中的前 50 个字符。如图 4-31 所示，左图的标题是在搜索结果页中显示的内容，右图的标题是在详情页中显示的内容。因此，标题中的前 50 个字符一定要放主词和重要属性词，因为这些词会影响客户是否点击你的商品。如果一款商品曝光度高，但点击率低，则很可能是标题中的前 50 个字符设置不合理造成的。

图 4-31　搜索结果页和详情页的标题

相同的词出现频率不宜过多，多次出现不仅浪费 128 个字符空间，给客户造成不良体验，还可能会被隐性降权。

（2）标题内容优化。

标题内容一般包含关键词、属性词、品牌词和促销词。

关键词是用来表达商品名称的，如 Shoes。Shoes 是鞋子的统称，再具体一点可以用 Sneakers。不同地区的客户用词习惯不同，同一款商品可能会有几个不同的关键词，如钱包可以用 Wallet、Purse、Money Bag、Card Holder 等关键词。

属性词是用来描述商品特点、材质、颜色、风格的，如 Sneakers 可以用 Skateboarding、Casual、Running、Breathable 等词来形容，在属性词中也可以区分关键属性词和非关键属性词。

促销词如 Free shipping 等。

上面说到标题中的前 50 个字符最重要，直接影响点击率和转化率，在编排时要把主要的关键词和属性词放在前面，把次要的词放在后面。促销词虽然有助于转化，但是会占用前面宝贵的位置，建议也放在后面。再次提醒卖家不要过度堆砌关键词。例如，某商品标题为"cell phone, mobile phone, mobile telephone, oem cell phone"，将会被搜索排名降序。

（3）标题关键词优化。

标题里的每个关键词都应该有助于商品的最终销售，选词的第一原则是挑选被客户搜索次数多的词，我们可以使用速卖通提供给卖家的"数据纵横""直通车"工具分析关键词的搜索指数，也可以使用站外的数据分析工具，这里不展开讲解。需要强调的是，并不是流量越大的词就越好，有些词的流量很大但是不精准。虽然商品得到了曝光，但是没有被客户点击，导致转化率降低，这款商品获得的搜索权重得分越来越低，对商品销售不利。

有人可能会想：我的商品是针对俄罗斯市场的，在标题里放一些俄语关键词是不是更有助于客户搜索到？其实这是不需要的，添加小语种并不会增加搜索权重，速卖通平台会将英文翻译成各国语言，方便客户阅读。图 4-32 是系统自动翻译的商品标题。

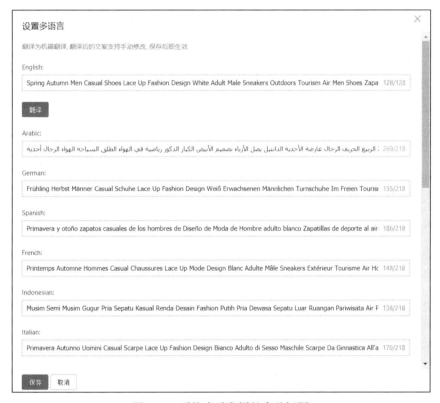

图 4-32　系统自动翻译的商品标题

4.4.2　联盟营销

联盟营销通常指网络联盟营销，由专业的联盟营销机构将各类网站上的广告资源组织起来，为广告主（卖家）提供全网范围的广告推广。速卖通联盟营销是速卖通官方推出的一种"按效果付费"的推广模式，联盟营销的站长来自全球 100 多个国家，覆盖广泛的消费群体。

1．加入联盟营销的推广流程

加入联盟营销的推广流程如下：

（1）卖家将自己的商品加入联盟营销并设置好佣金比例；

（2）海外的网站站长在自己的网站上刊登相关广告；

（3）客户看到广告，点击进入速卖通网站，下单购买商品；

（4）卖家发货，完成交易后，平台将佣金支付给刊登广告的站长。

这些刊登广告的网站包括搜索引擎（如 Google）、社交媒体（如 Facebook、VK）、折扣比价类网站、返现或领券类网站、测评或导购类网站等。各项统计数据表明，现在客户通过朋友推荐和社交网站下单购买商品的比例越来越高，尤其在中东地区，该比例达到电商总成交量的一半以上。加入联盟营销可以有效利用这些渠道的媒体资源，得到大量海外网站的曝光机会，对店铺订单量的增长有很大帮助。

2．联盟营销的佣金设置

速卖通联盟营销的佣金模式是按照订单金额的比例支付的，即 CPS（Cost Per Sale），加入联盟营销无须预先支付费用，曝光是免费的，客户确认收货后才支付佣金。CPS 模式的优势是有成交才付费，对于新上市的商品，转化率有待优化，使用"按点击付费"的推广方式可能花了钱却没有销量，而选择联盟营销是非常好的测试市场反馈的方式。

卖家可以自行设置佣金比例，也可以选择默认比例。不同类目默认最低佣金比例不同，在3%~8%之间；所有类目可设置的最高佣金比例为 50%。在设置佣金比例时，针对已经热销的商品，可以适当设置比较低的佣金；针对尚未积累销量的新品，可以设置较高的佣金。这种设置佣金的策略是，热销商品的利润空间可能已经被压缩得很小，卖家无法再支付高比例佣金，但是热销商品的销量稳定，对于推广者来说更容易拿到佣金，而给新品或销量少的商品设置高比例佣金则是对推广者的激励。

佣金设置分为以下 4 类。

- 店铺默认佣金。在加入联盟营销时，需设置店铺默认佣金，店铺内所有商品在未进行特殊设置的情况下均按照店铺默认佣金计算。
- 类目佣金。卖家可以针对类目进行佣金设置，在该类目下，所有商品在未进行特殊设置的情况下按照类目佣金计算。
- 主推商品佣金。想要长期推广的商品可以设置为主推商品，并给主推商品设置特殊佣金比例，参考比例为 10%~20%。
- 爆品佣金。想在短期内重点提高销量的商品，即打算多花营销预算迅速提高销量的商品，可以设置为爆品，其佣金可设置为 20%~30%。

以上 4 类佣金设置在计算佣金时的优先级是爆品佣金＞主推商品佣金＞类目佣金＞店铺默

认佣金。

3．联盟营销的佣金计算方法

客户从联盟网站通过特定链接访问卖家的速卖通店铺，在 15 天内，如果在该店铺下单，并且这笔订单最终交易完成，则此订单被算作有效计算佣金的订单。15 天的计算时间从最近一次通过特定链接访问开始，如果在这 15 天内，客户又通过推广链接进入，则重新开始计算 15 天。

在交易期内，客户进行退款的联盟订单会退还联盟佣金；交易结束后，客户正常退货，联盟佣金不退还，因为联盟网站已经起到了导购的作用。折扣商品按照实际销售价格计算联盟佣金，运费不计算联盟佣金。

4．案例解说

下面的案例摘自速卖通官方论坛。

速卖通卖家王先生于 2018 年 3 月 30 日加入速卖通联盟计划，加入时，设置商品价格的 5% 为店铺默认佣金比例。2018 年 4 月 1 日，为了提高所卖商品的竞争力，王先生为自己的珠宝类目、钟表类目均设置了 6% 的佣金比例。根据佣金生效时间，佣金比例将在三个工作日后生效。同日，为了更好地推广自己的热销单品，王先生选择了一款项链作为主推商品，并设置了 10% 的佣金比例。同样，佣金比例将在三个工作日后生效。

- 2018 年 4 月 2 日，买家 Janet 通过联盟网站 A 看到王先生店铺的主推款项链，下单购买了一件，价格为 58.78 美元，运费为 20 美元。虽然王先生设置了珠宝类目 6% 的类目佣金比例和该项链 10% 的主推商品佣金比例，但因为买家购买时新的佣金比例尚未生效，所以佣金比例是默认的 5%，王先生需要支付 58.78 ×5%≈2.94 美元的联盟佣金。
- 2018 年 4 月 5 日，买家 Tom 通过联盟网站 A 购买了王先生店铺的主推款项链（58.78 美元），进入店铺后又购买了两件珠宝产品（每件金额均为 5 美元），运费为 30 美元。因为王先生设置了珠宝类目 6% 的类目佣金比例，为项链设置了 10% 的主推商品佣金比例，所以王先生需要为这笔 98.78 美元的订单支付 58.78×10%+ 5 ×2×6%≈6.48 美元的联盟佣金。
- 在 2018 年 4 月 10 日，买家 Janet 收到货后很满意，又直接访问王先生的店铺，下单购买了主推款项链 5 条（每条 58.78 美元）和 1 个小件电子产品（100 美元），运费 20 美元。因为这位买家是联盟网站引流来的，并在 15 天的有效期内，所以应该支付联盟佣金。项链有 10% 的主推商品佣金比例，而电子产品没有被设置单独类目，因此有 5% 的默认佣金比例。王先生需要为这笔 413.9 美元的订单支付 58.78 ×5×10%+100 ×5%=34.39 美元的联盟佣金。
- 在 2018 年 4 月 12 日，买家 Jim 通过联盟网站 A 看到了王先生店铺的主推款项链，进入店铺后只购买了两件电子产品（分别为 100 美元和 120 美元），运费为 30 美元。电子产品没有被设置单独类目，因此有 5% 的默认佣金比例。王先生为这位买家优惠了 50 美元，商品的总价是 220－50＝170 美元（不算运费），王先生需要为这笔订单支付（100×5%+120×5%）×170／220＝8.5 美元的联盟佣金。

4.4.3　速卖通直通车

1. 直通车特点

直通车是一种按效果付费的广告，简称 P4P（Pay For Performance）。直通车的付费方式是按点击付费，简称 CPC（Cost Per Click）。

客户在速卖通平台购买商品的一般流程是，搜索关键词→浏览搜索结果页→点击感兴趣的商品进行浏览。商品是否能展示在搜索结果页靠前的位置直接影响商品的点击率。直通车通过竞价排名让卖家的商品展示在搜索结果页靠前的位置。卖家通过有竞争力的出价使自己的商品靠前展示，展示不需付费，客户点击该商品后卖家才需要支付广告费。

（1）竞价排名基本原理。

竞价排名即通过竞争出价的方式获得网站的有利排名位置，达到高曝光率、高流量的目的。

竞价排名的基本原理是，卖家选择一批和商品相关的关键词，并对这些关键词进行出价；当客户搜索该关键词时，出价高的卖家商品会被展示在靠前的位置。在实际操作中，影响商品最终排名的主要因素是推广评分和关键词出价，推广评分和关键词出价越高，排名靠前的机会越大。

推广评分用于衡量商品在该关键词下的推广质量，与关键词和商品的相关度、商品信息质量、客户喜好和卖家账户质量 4 个因素有关。推广评分分为"优""良""—"三档，"优"级别可以竞争主搜位，"良"级别代表需要优化，"—"级别无法参与推广。

（2）扣费规则。

最终的扣费金额并不等于推广出价金额，实际扣费金额与卖家自己的推广评分、排在卖家后面的那位卖家的出价金额及其推广评分相关，多数情况下实际扣费金额会低于出价金额，卖家自己的推广评分越高，实际点击扣费越低。系统会过滤无效点击，包括中国大陆地区点击、重复的人工点击、非人工的自动点击等。

（3）直通车推广的作用。

- 推新品，快速引流，打造爆款。

新上线的商品没有销售数据积累，在搜索结果页自然排名展示位置靠后，通过直通车可以快速获取大量曝光，增加销售机会，提升订单量和交易额，积累商品权重，从而提升商品自然排名。

- 店铺选品测款。

为多个商品同时开启直通车，筛选出转化效果好的商品进行重点优化和推广，起到为店铺筛选潜力款的作用。

- 提升店铺整体流量。

单品销量提高的同时会带动店铺其他商品的销售，全店的流量和交易额都会呈现出上涨的趋势。

2．直通车展示位

直通车展示位的展示效果和自然排序展示位的展示效果无明显区别，但直通车展示位在右下角有"AD"符号。直通车展示位有以下几个地方。

- PC 端搜索结果第一页第 12、20、28、36、44 位共 5 个位置；第二页及以后页第 8、16、24、32、40、48 位共 6 个位置；每个搜索结果页最下方的 4 个位置，如图 4-33 所示。

搜索结果第一页　　　　　　　　搜索结果第二页及以后页

图 4-33　PC 端直通车展示位示意图

- 手机端搜索结果页第 8、16、24 位，以此类推，如图 4-34 所示。

图 4-34　手机端直通车展示位示意图

- 商品详情页底部 5 个推荐位置，如图 4-35 所示。

图 4-35　商品详情页底部的直通车展示位

3. 直通车新手策略

直通车有两种推广计划：重点推广计划和快捷推广计划，如图 4-36 所示。重点推广计划用来推广已确定是潜力款的商品，可精确选词，重点打造，推成爆款；快捷推广计划用来批量选词、批量推广，查看推广数据，筛选出有潜力的商品。

图 4-36　重点推广计划和快捷推广计划

做直通车推广的步骤如下。

（1）选品：通过选品工具和数据分析，选出客户接受度高、转化率高的商品作为直通车主推商品。

（2）选词：系统提供了智能推荐关键词功能和批量添加关键词功能，此外还可以使用"数据纵横"等工具找到优秀的长尾关键词。

（3）出价：既可以批量给关键词出价，也可以针对某些关键词单独出价。系统提供了按照预期展示位置智能出价的功能，可以按自己的情况设置每日预算上限和定向人群、推广展示时间、推广展示地区等条件，让系统自动出价展示。

（4）优化：开启直通车后卖家应该经常查看报告，根据展示情况和转化率修改关键词或出价，直通车方案需要持续地进行优化，才能保持高流量、高转化率。

- 快捷推广计划。

新手初次开通直通车，在对商品、关键词和出价都缺乏经验的情况下，可以选择快捷推广计划，将所有商品都加入推广计划，使用系统推荐的关键词和自动出价功能，所选商品随机匹配所选的关键词。这里注意一定要设置每日预算上限，到了上限系统就会停止展示，避免造成营销预算浪费。经过一段时间的测试，从中选出有潜力的商品作为预备爆款，对预备爆款设置重点推广计划，直到优化推广形成爆款。

使用快捷推广计划不仅可以测试商品，还为全店的推广涵盖了更多的关键词，覆盖了更多的流量。直通车推广单个商品最多有 200 个关键词，当多个商品都参与推广时，关键词的范围就扩展了，覆盖的流量也更多了。

- 重点推广计划。

新建一个重点推广计划的步骤如下。

（1）建立推广计划。新建"直通车重点推广计划"，在系统推荐的关键词库里对关键词进行筛选，去掉热度不高、不符合商品特征的词，如图 4-37 所示。

图 4-37 对关键词进行筛选

（2）提炼重点词。例如，推广一款连衣裙，商品标题为"2018 Summer Women Dresses O-neck Sleeveless long Retro Casual Party lace Robe Rockabilly 50s Vintage Plus Size"。

从标题中提炼出重点词：summer dress、women dress、party dress。

从以上三个重点词延伸出一些相关词，如 vintage dress、lace dress、50s dress、retro dress、casual dress、long dress、plus size dress 等。

（3）增加更多关键词。可以在直通车后台单击"优化工具"→"关键词工具"命令，由系统推荐更多的关键词，如图 4-38 所示。也可以使用"数据纵横"工具寻找更多的关键词。将自己提炼的关键词和系统推荐的关键词添加到推广词库里。

图 4-38　系统推荐的关键词

（4）调整出价。系统会根据当前出价预估直通车的展示位置，供卖家参考以便调整出价。出价的时候注意流量大的词不一定要出高价，它们虽然流量大，但是转化率可能低，如 shoes 的流量比 sneakers 的流量大很多，但是 shoes 涵盖了所有种类的鞋子，搜索这个关键词的客户真正的需求可能和我们的商品相差甚远，所以 shoes 的转化率可能很低。而精准词是可以出高价的，当客户搜索 sneakers 或 skateboarding sneakers 时，客户真正的需求基本上和我们的商品是吻合的，在精准词上取得更靠前的展示位置有助于最终达成交易。

（5）良词推优和筛选创意主图。将推广评分被系统判断为"良"的关键词进行优化。图 4-39 找出了系统判断推广评分为"良"的关键词。

图 4-39　找出系统判断推广评分为"良"的关键词

优化方法是使用"创意"功能，将推广评分被系统判断为"良"的关键词加入创意标题，如图 4-40 和图 4-41 所示。

图 4-40　使用"创意"功能

图 4-41　将推广评分被系统判断为"良"的关键词加入创意标题

4.4.4　社交媒体营销

社交媒体营销已逐渐成为零售行业的主导策略。在数字时代，消费者常在空闲时段在线浏览各种内容，当遇到吸引其兴趣的信息时，往往会产生强烈的购买意向。尤为值得注意的是，女性客户在浏览服饰类商品时，购买转化率相对较高。成功地进行社交媒体营销不仅需要产出有吸引力的内容，还需要对流量进行有效导入、选择合适的工具以承载这些流量，并对其进行持续的维护。在本节中，将为跨境电商卖家提供社交媒体营销的基础指导。

1. 流量来源

（1）自有流量。

如果你已经经营了一段时间跨境电商零售，无论是在平台上销售还是在独立站上销售，应该已经有一些客户积累了，会有一部分客户是通过搜索品牌相关词进行购买的，这类客户对品牌的认同度较高，展现出的忠诚度也相对更强。因此，有效利用这部分流量至关重要。卖家应该思考如何策略性地将这些客户转化为私域流量。

私域流量引导的工具可以用 WhatsApp、Facebook group、Email 等，电子邮件的打开率呈下降趋势，因此前两种工具的使用更普遍。但某些电商平台，如速卖通，依然允许卖家向客户发送站内信息。制定一套合适的话术，借助上述工具进行沟通，引导客户实现预期的行为。比如，设计老客户优惠券、新品上新优惠券等，鼓励老客户留下邮箱地址、关注品牌官方账号等。

图 4-42 为获取客户邮箱地址的技巧。

图 4-42　获取客户邮箱地址的技巧

（2）外部流量。

外部流量主要从社交媒体平台获取，主流的社交媒体平台有很多，如 Facebook、Twitter、YouTube、Instagram、TikTok、Pinterest 等。这些社交媒体平台的流量都非常大，维护这些账号运营的工作量也不小，中小型团队不可能去运营所有的社交媒体渠道，挑选一两个来运营即可。

在挑选社交媒体平台时，要结合所经营的产品类目和目标国家市场。比如，数码类产品可以首选 YouTube 平台，时尚和美妆类产品首选 Instagram、Pinterest 平台。如果针对年轻群体客户，可以首选 TikTok 平台。

在选择某个社交媒体平台后，建议在其上设立一组矩阵账号，以满足不同的传播和互动需求。

品牌官方账号：此账号主要负责发布品牌的官方公告，如新品发布、特定节日或促销活动的信息，并与平台上的 KOL（意见领袖）和 KOC（消费者意见领袖）互动。

团队成员账号：这类账号更注重从个人视角对品牌信息进行补充和深化。例如：

- 品牌产品经理账号：可以更详细地分享产品的特点、开发背后的故事和客户反馈。
- 品牌设计师账号：提供对产品设计的思考、灵感来源及设计过程。
- 品牌客服账号：为客户答疑解惑，分享使用技巧，收集客户反馈等。

这些团队成员账号除了能够更深入地传达品牌信息，其个人化特质也更易于与客户建立情感连接。事实上，相对于与品牌的官方账号交流，许多客户更倾向于与具备个人特质的账号进行沟通，认为这样的沟通更真实、更有深度。

买家客户账号：俗称水军账号，在品牌推广初期，买家账号与官方账号的互动可能较少，为了增加内容的活跃度和可信度，可通过这些模拟买家账号与官方账号进行互动，使内容看起来更加受欢迎。当品牌发展到一定阶段，这些账号同样可以在帖子或评论下方为真实客户提供互动的引导，从而影响或激发更多真实客户参与讨论和互动。

2. 内容创作

（1）与当地的创作者合作。

做社媒内容很重要的是适应目标市场的本土文化，包括当地人使用的俚语、网络用语和流行趋势。由于文化差异和语言障碍，外国企业可能难以完全融入当地文化。在这种情况下，与当地的意见领袖（KOL）和消费者意见领袖（KOC）合作成为一个行之有效的策略。

- KOL：通常拥有较大的粉丝基础，其发布的内容能带来更多的观看量和互动次数。
- KOC：粉丝数量通常较少，但由于更接近一般消费者，因此其影响力也不容忽视。

选择 KOL 还是 KOC 作为合作对象，主要取决于卖家的预算和营销目标。

在与创作者进行合作时，务必注意合作内容的版权和使用范围。有些创作者可能要求对他们的内容进行额外付费以在其他渠道使用，而有些可能不设此限制。若预算有限，可考虑与报价更为亲民的 KOC 合作，并将其内容用于官网或广告素材。

在社交媒体上寻找创作者其实并不困难，如在 IG 上可以通过 hashtag、城市定位等功能找到人群。当我们持续关注一个话题时，平台也会逐渐把相关的创作者推荐给我们。愿意接受商务合作的创作者都会在账号简介中写明邮箱，我们可以发邮件过去，邀约合作，询问报价。

第一次给创作者发邮件的时候，应该注意以下几点内容：

①简洁明了地表达你对创作者账号和内容的赞赏和认可；

②简要介绍自己的品牌背景、核心价值及产品在哪些地域或平台上销售，有助于创作者了解你的品牌和潜在合作的价值；

③明确指出你希望推广的产品或服务，以及你预想的合作方式（如内容创作、产品推介等），能让创作者迅速判断是否有能力或兴趣进行此类合作；

④可以提出一个初步的合作预算，或者邀请对方先行报价，这个步骤让双方都能更明确地了解预期的投入和回报。

第一次邀约邮件应该尽量简洁明了，包含所有必要信息，让对方可以快速了解你的邀约条件，并可以迅速做出是否合作的回复。

（2）使用 ChatGPT 创作。

当我们在社交媒体上需要与客户沟通和发布信息时，为了让表达更符合客户的当地文化和表达习惯，可以使用 ChatGPT 辅助进行创作。

可以把写好的营销内容放在 ChatGPT 里，让它输出更符合当地语言习惯的内容，如图 4-43 所示。

图 4-43　使用 ChatGPT 输出更符合当地语言习惯的内容

使用 ChatGPT 还可以写产品描述和营销文案。

图 4-44 为使用 ChatGPT 编辑品牌故事。

> SW　假设你是在2010年创业的跨境数码产品卖家，你的品牌名是SuperYoung，你的优势包括有经验的产品研发团队，持续推出产品新功能，你的产品外观设计符合年轻人对于时尚的追求，并且你拥有一个自己的生产工厂，可以确保产品的质量和消费者可承受的价格。你需要写一篇年轻充满朝气的品牌故事，体现品牌的科技实力和针对年轻群体的定位，帮助人们更好地了解你的品牌。参考美国本土消费者阅读习惯，用英语输出

> **The SuperYoung Saga: Revolutionizing the Digital Age for the Youth**
>
> Once upon a 2010, in the throbbing heart of the digital era, a vision was born. A vision called SuperYoung. At a time when technology was advancing at the speed of thought and the world was witnessing a digital revolution, a group of passionate, young-at-heart pioneers saw a gap. There were a plethora of gadgets, but few spoke the language of the youth. And thus, the SuperYoung mission was clear: to craft digital products that didn't just meet the functional needs of the young, but also their aspirations, dreams, and style.
>
> It all began with an experienced product development team, a group that wasn't just skilled but also had the spirit of youth coursing through their veins. They weren't just making products; they were building bridges to the future. With every new launch, SuperYoung brought to the table not just an upgraded gadget, but a device filled with novelties, brimming with features previously unimagined.
>
> But what truly set SuperYoung apart wasn't just the inside of the gadgets, but their outside too. We understood the pulse of the youth, the yearning for a style statement that went beyond the ordinary. And so, each SuperYoung product was, and continues to be, a marriage of form and function, a blend of style and substance.
>
> However, the story doesn't end at innovative designs and cutting-edge technology. At the core of SuperYoung was an ethos of quality and affordability. With our own production factory, every device was a labor of love, meticulously crafted, ensuring top-notch quality without burning a hole in the pockets of our young enthusiasts.
>
> Today, SuperYoung isn't just a brand; it's a movement. It's the voice of a generation that believes in the power of technology to change the world, in the style that only they understand. We don't just make gadgets; we craft experiences, dreams, and memories.
>
> To the world, we might be a decade old, but in spirit, we remain forever young. To every dreamer, believer, and young soul out there, SuperYoung promises to be your digital companion, merging the best of tech and trends, just as you do.
>
> Here's to the future, and here's to staying SuperYoung! 🚀✨

图 4-44　使用 ChatGPT 编辑品牌故事

图 4-45 为使用 ChatGPT 编写 Slogan 品牌内容。

> SW　假设你是一家饰品类跨境卖家，主营产品为各种数码产品，品牌名为"SuperYoung"。你需要生成一句容易被记住的slogan，并且要体现出科技感，输出语言为英语。

> "Shine Digital, Shine SuperYoung!"

图 4-45　使用 ChatGPT 编写 Slogan 品牌内容

图 4-46 为使用 ChatGPT 进行谷歌广告文案的撰写和优化。

你是一名资深 goolge sem 专家，现在写定位追踪器的描述，目标市场美国，目前文案是 Mini Tracking Device，Tracking Air Tag，Pet Tracker，Child Finder 需要重写 5 个更优质更吸引人的文案，用英语输出

1. "Ultra-Precise Pocket Tracker: Always Know, Never Lose!"
2. "AirGuard Tag: Seamless Tracking, Limitless Possibilities."
3. "PetGuard Pro: Always Find Fido, Every Step He Takes."
4. "ChildSafe Locator: Peace of Mind in Your Pocket."
5. "OmniTrace Tech: The Ultimate Guard for All You Hold Dear."

图 4-46 使用 ChatGPT 进行谷歌广告文案的撰写和优化

图 4-47 为使用 ChatGPT 进行社交媒体节日帖文的撰写，图 4-48 为使用 ChatGPT 对帖文做进一步优化。

图 4-47 使用 ChatGPT 撰写社交媒体节日帖文

图 4-48 使用 ChatGPT 对节日贴文做进一步优化

3. 流量的承载载体

独立站。独立站官网是承载流量很好的载体，建立独立站意味着具有无限定制可能性。一旦客户注册，卖家就可以向客户发送最新消息、邀请订阅信息，甚至可以设置一个交流论坛让客户在线上进行分享和互动。

社交媒体品牌官方账号。品牌方在社交媒体上都会注册官方账号，小团队会选择一两个社交媒体进行运营，大团队会覆盖大部分社交媒体。邀请客户关注社交媒体平台上的官方账号，品牌方可以把最新的信息推送给客户。

即时沟通工具，如 Facebook group、WhatsApp 等。活跃的忠诚客户可以使用这类工具加品牌方为好友，这些工具不仅可以让品牌方和忠实客户保持紧密联系，也能让品牌方在发布新品或促销信息时第一时间通知客户。此外，这些平台也为客户提供了直接给予反馈和获得即时客服支持的途径。

第 5 章

视觉营销

学习目标：

- 明确视觉设计的目的
- 理解跨境电商设计的原则
- 掌握商品主图和辅图的制作方法
- 掌握促销海报的制作方法
- 掌握商品短视频的制作方法
- 了解速卖通店铺装修的方法

5.1　视觉设计原则

5.1.1　以销售为导向

在线下购物时，人们通过观看、体验和听销售人员讲解来做出是否购买的决定；在线上购物时，人们仅通过浏览商品网页来做出是否购买商品的决定，因为不能通过视觉以外的方式体验商品，所以视觉设计成为最重要的营销方式。

我们在做电商视觉设计时不要以是否好看判断设计好坏，因为好不好看是次要的，商业设计的一切目的都是增加销量，判断设计好坏的最终标准是销售转化率的高低。商业设计应该满足以下几点要求：

- 传递准确的信息；
- 包含足够多的信息量；
- 具有清晰的购买引导；
- 符合客户浏览习惯。

5.1.2　跨境电商设计特点

1．布局和交互

人们不会逐句阅读网页上的文字，研究表明，人们阅读网页时普遍遵循 F 形阅读习惯，如图 5-1 所示。

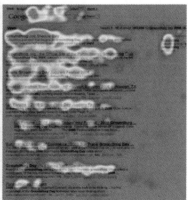

图 5-1　F 形阅读习惯

在这种阅读习惯下，被覆盖的文字像字母 F 的形状，包括以下三个方面：第一，人们的目光先做水平运动，常常扫过网页内容的上半部分，这样就形成了一条横向的运动轨迹，这就是 F 形的第一条横线；第二，人们的目光略微下移，扫过比第一步范围较小的区域，这样就形成了 F 形的第二条横线；第三，人们的目光在网页左边的部分进行垂直扫描，有时这个举动很慢且很有系统性，这样就形成了 F 形的一条竖线，如图 5-2 所示。

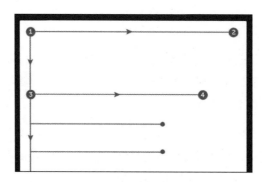

图 5-2　F 形阅读路径

了解 F 形阅读习惯后，在做网页设计时就要注意：人们不会逐字通篇阅读网页，一定要把重要的内容放在网页左上方。

2．文字和图片独立展示

我们已经习惯了国内电商网站非常花哨的商品详情页设计，如图 5-3 所示。把文字设计成图片的一部分，既是商品卖点，又起到装饰作用。这种设计方式很少在跨境电商的商品详情页里使用，因为跨境电商要面对不同语言的客户，跨境电商平台通常会将英语自动翻译成多国语言以方便不同客户阅读，将文字设计到图片里就无法被计算机翻译了。

图 5-3　国内电商网站的商品详情页设计

我们在跨境电商平台上看到的商品详情页通常类似图 5-4，在 Product Description（商品描述）区域先以文字的形式描述商品信息，然后展示商品图片，商品图片上一般不带有文字，使用这种方式，所有的商品信息都可以被系统自动翻译成各种语言，卖家不再需要为小语种客户提供特别的语言服务。

图 5-4　跨境电商平台上的商品详情页

3. 仅体现商品本身的特点

国内电商平台的卖家在设计商品详情页时经常会用到节庆和文化等元素，通过使用这些元素来强调商品某方面的特质。比如，在拍摄长裙时为了体现淑女温婉典雅的气质，可能会选择以江南水乡为背景，通过环境渲染整个氛围，强化"温柔""气质"等关键词在人们心里的印象。

当我们在跨境电商平台上销售商品时，面对的客户有不同的文化背景，使用某种特定文化元素无法触动所有客户，甚至可能会得罪一些客户。为了避免这些情况发生，在设计商品详情页时最好只关注商品本身。图 5-5 所示的商品详情页图片很直观地表达了鞋子的透气性能和剃须刀的防水性能，不带有额外的情感诉求。

如果需要在设计中增加情感诉求，应该怎么做呢？这时要选择不同文化背景的人都可以理解的情感，比如充满欢乐的家庭氛围、充满爱意的情侣关系等。

图 5-5　体现商品本身的特点

5.1.3　从店铺数据看视觉设计

优秀的视觉设计体现品牌档次。图片设计需要将色彩、图像、文字相结合，用具有强视觉冲击力的图片来吸引潜在客户的关注，由此增加商品和店铺的吸引力，达到营销制胜的效果。

我们用店铺的实际数据来讲解视觉营销对交易转化的影响。先来看一下店铺后台数据，如图 5-6 所示。

图 5-6　店铺后台数据

在图 5-6 中，"站内其他"流量往往是浏览量最大、平均访问深度最深、跳失率最低的。这个浏览量最大的"站内其他"部分，到底跟我们店铺的哪些因素有关呢？图 5-7 所示的流量的详细数据告诉我们，影响"站内其他"流量的主要因素是店铺装修和关联营销。

详细数据								⤓下载最近30天原始数据
来源	浏流量⇕	浏览量占比⇕	访客数⇕	新访客数⇕	新访客占比⇕	平均访问深度⇕	跳失率⇕	提升秘籍
总计	159,493	100.00%	83,205	80,896	97.22%	1.92	78.48%	
站内总计	159,275	99.86%	83,177	80,877	97.23%	1.91	78.47%	
站内其他	45,042	28.24%	31,433	29,855	94.98%	1.43	79.70%	店铺装修，关联营销
直接访问	32,430	20.33%	22,501	21,638	96.16%	1.44	82.01%	
站内搜索	29,489	18.49%	22,614	22,335	98.77%	1.3	82.37%	用搜索词分析提升排序
活动	8,364	5.24%	7,106	7,106	100.00%	1.18	88.47%	马上报名参加活动
类目浏览	3,289	2.06%	2,865	2,860	99.83%	1.15	89.73%	选好类目，填好属性
收藏夹	1,651	1.04%	1,116	988	88.53%	1.48	79.39%	引导买家收藏商铺商品
购物车	1,639	1.03%	994	928	93.36%	1.65	73.45%	引导买家添加购物车
直通车	0	0.00%	0	0	0.00%	0	0.00%	直通车优化秘籍
站外总计	218	0.14%	185	151	81.62%	1.18	86.02%	

图 5-7　流量的详细数据

　　下面是一家新店铺的实际运营情况，在店铺开始运营阶段，卖家试着开通直通车服务，流量虽然增加了，但是却没有转化成订单；停掉直通车服务，流量就没有了。店铺运营的前几个月，该商家做了大量工作，如上传商品图片、优化信息，虽然店铺流量有小幅增加，但实际效果却不尽如人意，店铺流量如图 5-8 所示。这究竟是什么原因造成的呢？

图 5-8　店铺流量

　　经过多方分析并与其他同类商品对比后发现，这家店铺的商品质量和价格都有优势，流量少的主要原因是卖家在开店初期为了省钱，拍摄的商品图片质量欠佳，导致商品主题页、店铺首页、商品详情页的美观度和其他店铺相关页的美观度差距很大。

找到问题症结后卖家特地聘请了专业摄影师拍摄商品图片，还聘请了专业的设计师对店铺的首页、商品详情页等重新进行装修，再配合营销策略，整体数据有了出人意料的提升，店铺重新装修后的流量如图 5-9 所示。

图 5-9　店铺重新装修后的流量

5.1.4　如何开始设计工作

1．思考设计目的

接到一个设计任务时不要着急动手，先思考将要设计的内容应该发挥怎样的作用。比如，一个商品详情页所要起到的作用有：

- 最大限度地展示商品的美观性、功能性；
- 将客户需要了解的所有信息尽可能地传达清楚；
- 让客户更积极、更方便地下单购买。

而一个广告图需要起到的作用有：

- 让客户对活动产生兴趣；
- 传达活动的具体内容；
- 催促客户尽快参与。

2．策划页面结构

在策划页面结构时可以使用线框图，线框图是网页设计中很重要的一个元素，可以表达设计者的思路，也方便与设计师进行交流。设计线框图可以用纸和笔、Word 等简单的工具实现，也可以选择用专业软件实现，如 Axure RP。图 5-10 是一个简单的页面设计线框图样例。

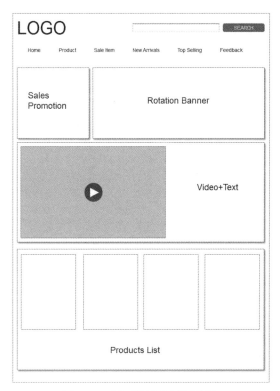

图 5-10 页面设计线框图样例

3．准备设计素材

设计素材主要包括商品图片、文案、品牌标志和辅助性素材。商品图片要选择高像素的照片，拍摄角度要满足设计的需要，并且能够体现商品的特点。比如，服装要有细节图、电子产品要有功能图。文案包括营销文案、商品文案、活动文案。营销文案应简洁且富有吸引力；商品文案应凸显商品特点，满足消费者的需求；活动文案要清晰地说明活动性质、活动时间和政策等必要信息。品牌标志应准备多种格式和多种尺寸，用于不同的设计需要。比如，在白色背景上需要用彩色标志，在深色背景上需要用反色（白色）标志。

以上这些素材准备完毕后，要查看哪些元素不是必需的，并去掉那些不能有效传达信息的元素，之后开始设计。

5.2 设计的内容

5.2.1 主图和辅图

1．主图和辅图的设计

（1）多角度全方位展示商品。

在上传商品图片时，第 1 张图为主图，主图的主要作用是全面地展示商品。主图后面的若干张图为辅图，辅图可以展示商品的侧面、背面、细节、功能、包装、附件等需要客户了解的必要信息。卖家一般会上传 6 张图，每张图都应该展示商品某个方面的特点，让客户通过这几张图就可以对商品的信息有全面的了解。图 5-11 是速卖通女装商品发布时的图片建议。

图 5-11　速卖通女装商品发布时的图片建议

图 5-12 是一个优秀的主图和辅图设计案例。第 1 张主图清晰地展示了玩具大货车所有的配件，从这张图可以知道该款玩具汽车的主要特点是玩具大货车的货箱里还装有多款玩具小汽车，而且这些玩具小汽车可以拿出来单独玩。第 2 张图展示了玩具大货车有额外的存储功能，共有 28 个卡槽可以用来储物。第 3 张图展示了玩具大货车顶部有一个提手，方便提握。第 4 张图展示了玩具大货车头部的转动功能。第 5 张图展示了玩具大货车主体的尺寸。第 6 张图展示了商品的外包装，可以满足有送礼需求的客户。以上 6 张图完整、清楚地展示了这款玩具大货车的所有特点，客户只需要看图就能知道必要的信息了。

图 5-12　优秀的主图和辅图设计案例

（2）主图的风格应保持一致。

客户尚未打开商品详情页时，仅能看到商品主图，因此卖家在选择主图时，要考虑清楚店铺的风格，选择的商品主图的风格应该与店铺风格保持一致。

（3）主体摆放角度一致。

在摆放主体时可以侧面摆放，也可以旋转一定的角度摆放，注意所有主图的主体摆放角度应该保持一致。请对比图 5-13 和图 5-14，图 5-13 严格遵守统一的主体摆放角度，效果整齐划一，可使客户加深对品牌的印象，而图 5-14 中每只鞋的摆放角度和拍摄角度都存在少许偏差，虽然偏差只有一点点，但是摆在一起就显得非常凌乱了。

图 5-13　主体摆放角度一致

图 5-14　主体摆放角度不一致

（4）图片中的商品主体所占面积一致。

图片中的商品主体应占主图整个面积的 70%~85%，在同一家店铺，建议所有的商品主图保持主体所占面积一致。请对比图 5-15 和图 5-16，图 5-16 第 3 张图片中的商品所占主图的面积明显大于前两张图片中的商品所占主图的面积，整体效果没有图 5-15 的整体效果整齐。

图 5-15　图片中的商品主体所占面积一致

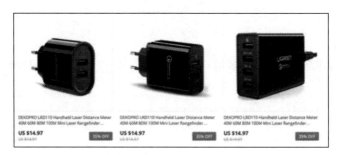

图 5-16　图片中的商品主体所占面积不一致

（5）场景风格一致。

为了展示时尚类商品的风格，通常选择在场景中拍摄。如果在场景中拍摄，则在布置场景时应注意，无论是色彩，还是结构，都应尽量保持整洁，杂乱的场景会影响主体的突出。不同商品选择的场景风格应该保持一致，如全部选择街景或全部选择棚拍。图 5-17 的拍摄场景选择了简单的室内白墙，虽然主体服装也是白色的，但在简洁的背景衬托下依然非常突出。图 5-18 的拍摄场景既有街景，也有棚内，拍摄场景之间没有关联，放在一起整体效果杂乱无序，影响主体商品的展示。

图 5-17　拍摄时的场景风格一致

图 5-18 拍摄时的场景风格不一致

（6）模特风格一致。

真人模特、假人模特、不使用模特，这 3 种展示商品的方式最好能统一。如图 5-19 所示，大部分主图使用真人模特，只有一款商品不使用模特，是平铺拍摄，破坏了整体的统一。

图 5-19 不使用模特破坏了整体的统一

（7）主光源方向一致。

在拍摄商品时有一个主光源和几个辅助性光源，主光源的作用是照亮商品主体，主光源的方向一般在商品正面或约 30° 的商品侧面。在拍摄时，主光源的摆放位置同样应保持一致。

下面列举一些主图设计时常见的错误。

- 主体不突出。包括背景颜色和商品颜色太接近、背景环境杂乱导致主体不突出、配件太多导致主体不突出。
- 主体太小或不居中。图片中的主体占整个图片的面积小于 70%，或者没有居于图片中间的位置，这些都是不理想的主图。

- 商品特点不突出。主要是摆放角度或拍摄角度的问题，导致辨别商品困难，如图 5-20 所示。
- 拼图。主要是同款不同色的图片被拼接在一起，导致主体不突出。

图 5-21 列举了具有代表性的优秀主图和不理想主图，读者可以对比两者的区别。

图 5-20　商品特点不突出　　　　图 5-21　优秀主图和不理想主图

2．主图和辅图的规范

（1）速卖通图片尺寸规范。

- 横向和纵向的比例是 1∶1.3~1∶1，边长大于 800 像素，所有主图和辅图比例一致。
- 图片大小在 5MB 以内，格式为 JPG 或 JPEG。
- 照片中的商品主体占图片总面积的 70%以上。
- 图片要求无边框、无水印。
- 如果放置标志，则统一放在图片左上角。
- 允许使用带背景的主图，但在报名参加平台活动时通常要求主图背景是纯白的。
- 主图和辅图共 6 张。

（2）速卖通营销图规范。

- 营销图是额外的第 7 张图，展示在列表页面和推荐模块，可以有效提高主图转化率。
- 营销图是长图，要求宽和高的比例为 3∶4，建议尺寸为 750 像素×1000 像素。

- 要求商品为实拍图片。
- 不可拼图，不可出现水印及促销文案。

营销图展示效果如图 5-22 所示。

图 5-22　营销图展示效果

（3）亚马逊图片尺寸规范。

- 图片最长边至少 1000 像素，最短边至少 500 像素，当图片任意一边大于 1000 像素时，该图片就有图片放大功能。
- 当图片的横向和纵向比例是 1∶1.3 时，可以达到最佳视觉效果。
- 建议使用 JPEG 格式图片，TIFF 和 GIF 格式也是可以的。
- 主图和辅图的尺寸和比例建议保持一致。

（4）亚马逊商品主图规范。

- 主图的背景必须是纯白色的，纯白色的 RGB 值是（255,255,255）。
- 图片中的商品面积至少要占整个主图面积的 85%。
- 主图上不能出现标志和水印。
- 主图上不能出现不在交易订单内的配件。
- 主图必须是实物照片，不能是手绘图。

（5）亚马逊商品辅图规范。

- 辅图应该对商品的不同侧面进行展示，是对主图的补充说明。

- 辅图上不能出现标志和水印。
- 辅图允许使用有背景的图片。
- 最多可以添加 8 张辅图。

5.2.2 海报

1. 尺寸

常见的海报宽度有 960 像素、1200 像素、1920 像素，1920 像素宽度的海报可以实现全屏海报效果，高度一般建议 400~600 像素。

全屏海报效果好，但是在电脑屏幕小的情况下无法完全展示，只能显示中间部分，所以在设计全屏海报的时候，一定要把商品主体和文案放在中间 1200 像素的宽度内，以保证所有客户在使用不同大小的显示器的情况下都能看到海报内容。

当商品图片足够清晰时，可以设计大尺寸海报；当商品图片清晰度不足时，建议制作小尺寸海报，从而避免效果不佳。

2. 构图

画面构图有两种简单的方法：三分构图法和九宫格构图法。三分构图法通常用在横向的图片上，将画面横向均分为三份，主体放在三分之一处，如图 5-23 所示。九宫格构图法是把画面平均分成九个小格，将主体放在四条线的焦点处，如图 5-24 所示。

图 5-23　三分构图法

图 5-24　九宫格构图法

3．文字排版

　　海报的文案一般包括主标题、副标题和说明文字三部分内容。主标题的字体和字号与其他文字的字体和字号应有明显的区别，主标题宜选用大字号，其他文字则使用小字号，大字号的文字能使客户又快又准地看清标题内容，大小字号的错落排版可以在视觉上产生层次感。

　　文字之间的对齐非常重要，无论是靠左对齐、靠右对齐，还是居中对齐，微小的差别都会影响整体美观。如图 5-25 所示，优秀的文案排版可以提升画面的整体效果。

图 5-25　优秀的文案排版

4．表达主题

　　海报的内容有很多种，如节日海报、商品海报、促销海报、品牌海报等。烘托节日气氛的海报如图 5-26 所示。

图 5-26　烘托节日气氛的海报

描述商品特点的海报如图 5-27 所示。

5-27　描述商品特点的海报

品牌宣传的海报如图 5-28 所示。

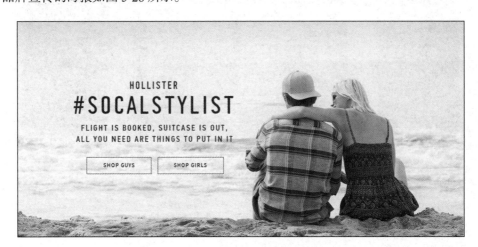

图 5-28　品牌宣传的海报

5．色彩协调

选择商品的主色调作为整体画面的主色调，可以有效地保持画面整体色彩的协调统一。如果一款商品有多种颜色，则在推广时通常选择其中一种颜色作为主推色，可以让广告图片的主色调与主推色一致，通过颜色突出商品的独特性，加深客户的印象。如图 5-29 所示，海报中的文字颜色和按钮颜色都和模特身上的颜色相近，画面整体和谐。配色时要注意，使用的颜色不要超过三种，超过三种颜色就容易让人感到杂乱，影响最终下单。

取色方法是，在制作图片时用取色工具在模特的头发部位取色，微调后作为主题文字的颜色，如图 5-30 所示。

图 5-29　色彩协调

图 5-30　在模特的头发部位取色

6．行动按钮

在合适的位置添加一个明显的行动按钮，可以提高点击率。如图 5-31 所示，左边有行动按钮的图片的点击率显著高于右边没有行动按钮的图片的点击率。

图 5-31　添加行动按钮的图片和未添加行动按钮的图片

5.2.3 视频营销

1．视频展示位置

现在是短视频流量的红利期，美国权威机构调研结果显示：视频最高可以增加80%的销售转化率。各大电商平台都陆续上线了视频营销功能，视频可以是主图视频、详情页视频、客户评论区视频。速卖通平台对上传主图视频的要求是，时长在30s以内，文件大小在2GB以内，支持AVI、3GP、MOV等格式，建议画面的长宽比例与商品图片的长宽比例保持一致。对详情页视频的要求是，时长不超过4min，画面长宽比为16∶9。图5-32是速卖通商品主图视频，它在图片区的第一个位置。

图5-32　速卖通商品主图视频

2．视频内容策划

（1）商品使用方法。

此类视频适用于大多数商品，常见的生活用品都可以用这种展示方法，可以展示的内容包括使用步骤、安装方法、洗涤方式、使用场景等。比如，商品是便携式婴儿推车，视频内容可以展示如何快速地展开和折叠它，通过客观方式（如称重）和主观方式（如妈妈手提）体现便携式婴儿推车轻巧的特点。

（2）商品功能和材质。

功能性强的商品通过视频可以更有效地体现出功能特点。比如，多功能化妆包，可以在视频中将化妆包逐层打开，展示各层的功能，并介绍可以放哪些东西。

（3）开箱展示视频。

高科技商品常使用开箱展示的视频，这类视频在YouTube等视频网站上很流行，是"科技粉"热衷的视频类型。视频的开头展示包装完整的密封箱子，之后逐层打开包装，取出里面的商品放到镜头前一一展示。

（4）商品全方位细节展示。

功能性不强的商品通常会使用此类展示方式，常见于服装、饰品、食品等。视频会从不同角度对商品进行显示，包括商品的细节、材质、触感等，与传统的静态图片相比，视频可以更好地表现商品的特点，如服饰的质感和食品的美味。

（5）创意类内容。

以上几类视频是最常见的商品展示方式，除此之外，还可以运用更有创意的展示方式。比如，某搅拌机品牌为了博人眼球，把某品牌手机放入该品牌搅拌机，搅拌机瞬间把手机搅碎，以此来体现搅拌机高效的研磨功能。

在策划视频内容时，有以下几点需要注意。

- 不要过度营销。视频营销的目的是将商品最好的一面展示给消费者，但是过度营销会造成退货率提高和商品综合评分下降。注意，在宣传时要避免使用 most popular、best seller 等顶级格式词，这类词语违反了广告法的规定。
- 重点内容放在视频前 15s。人们的耐心是有限的，如果你的视频不是特别有趣，那么很少有人能看完整个视频，所以重要的卖点一定要放在视频前段。
- 画质清晰，注意展示细节。拍摄商品细节的时候可以使用很短的焦距近距离拍摄，体现材质的质感，材质的质感及外观直接体现商品的质量。

3．视频制作方法

拍摄视频需要的硬件设备包括拍摄设备（手机或单反相机）、灯光、拍摄稳定器。不同功能的拍摄设备价格相差很大，卖家可以根据自己对视频质量的要求进行选择。

视频剪辑软件需要用到 Adobe After Effects（简称 AE）和 Adobe Premiere（简称 PR）。AE 主要用于制作特效，PR 主要用于剪辑和导出视频。在制作介绍商品的视频时，建议少使用特效，尽量真实地还原商品。

硬件和软件都准备好之后，还需要学习布置光源、摆放商品、布置场景、选择模特等，这里不再展开叙述。

5.3　速卖通店铺装修

5.3.1　详情页设计

速卖通平台为卖家准备了详情页模板（详描模板），因为每个类目的商品的销售卖点不同，所以每个类目的详情页模板也有所区别，这里以服饰行业的模板举例说明。进入商品发布页面，找到"详细描述"模块，即可看到服饰行业的详情页模板，如图 5-33 所示。

图 5-33　服饰行业的详情页模板

打开模板，进入装修页面，如图 5-34 所示。页面从左到右分别是装修/模板、所有模块/使用中模块、预览区域和编辑区域。

图 5-34　装修页面

所有模块/使用中模块区域提供了几种编排方式，包括图文结合、单纯图片、单纯文字、视频，可以根据需要将模块拖入预览区域。

在预览区域和编辑区域，选中一个模块，右边即显示该模块的编辑工作区，卖家根据指引输入标题和正文，再上传图片即可。预览区域和编辑区域是非常好的所见即所得编辑工具，卖家可以轻松地制作出漂亮的页面。卖家以前想做出比较复杂的详情页效果，必须使用 Photoshop

和 Dreamweaver 软件，这对卖家的软件设计技能要求很高，现在速卖通提供的编辑工具大大降低了卖家在设计上投入的劳动成本。

在编辑区域顶部可以切换手机端和电脑端的页面，我们可以把手机端的内容模块直接同步到电脑端，这样电脑端和手机端的详情页就是一样的，也可以在电脑端编辑页面重新制作区别于手机端页面的内容。电脑端页面可以展示的内容比手机端页面可以展示的内容更丰富，所以电脑端页面的模块比手机端页面的模块更多，如图 5-35 所示。

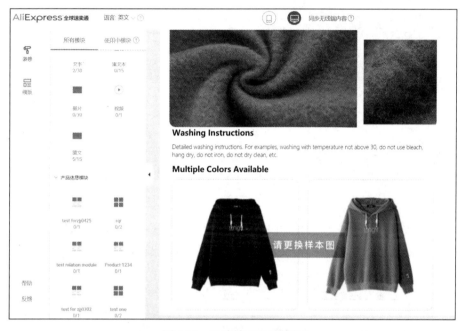

图 5-35　电脑端页面的模块

5.3.2　首页装修

依次单击"店铺"→"店铺装修及管理"，进入"店铺装修"页面，可以看到两个按钮："进入装修""品牌故事页装修"，如图 5-36 所示。单击"进入装修"按钮即可进入店铺首页装修页面，同样有手机端和电脑端两个设置页面。

图 5-36　"店铺装修"页面

下面制作一个手机端的店铺首页，单击"新增页面"按钮新增一个页面，如图 5-37 所示，为该页面命名，输入英文名称即可，其他语言自动翻译，完成后单击"下一步"按钮。

图 5-37　新增一个页面

选择一个页面模板，也可以选择空白页面后自定义添加模块。平台已经按照行业的不同提供了具有不同特点的模板，如图 5-38 所示。卖家可以选择自己行业的模板并进行修改，用起来非常方便。

图 5-38　选择页面模板

这里选择了鞋类运动行业模板，进入编辑页面，如图 5-39 所示。从上到下有 4 个模块，分别是店招、优惠券、轮播图、导航。每个模块被选中后都可以在线编辑。值得一提的是，速卖通 2.0 版本的店铺装修工具具备在线设计、在线编辑、自动翻译成多种语言这三大优点，没有设计功底的卖家也可以做出漂亮的页面。

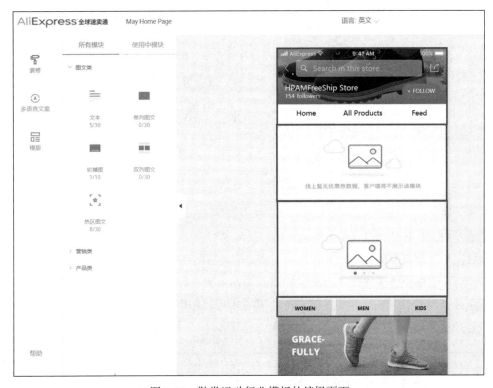

图 5-39　鞋类运动行业模板的编辑页面

我们来了解一下在线设计工具。在鞋类运动行业模板的编辑页面中单击"在线制作"按钮，如图 5-40 所示。在打开的"新建智能图文"页面中为要设计的海报命名、填写尺寸、选择语言，如图 5-41 所示。

图 5-40　单击"在线制作"按钮

图 5-41　"新建智能图文"页面

　　单击"创建"按钮，进入海报编辑页面，如图 5-42 所示。左侧是编辑海报区，右侧是可视化编辑区。制作海报只需要两个步骤：第 1 步，编辑底图；第 2 步，编辑文案。编辑文案时输入英文，可一键翻译成多种语言。图 5-43 所示为输入文案时的页面。文案输入完毕，返回到海报编辑页面，即可看到底图和文案都已经呈现在可视化编辑区，这时只需要手动调整文案的字体和位置即可完成海报制作，如图 5-44 所示。

图 5-42　海报编辑页面

图 5-43　输入文案时的页面

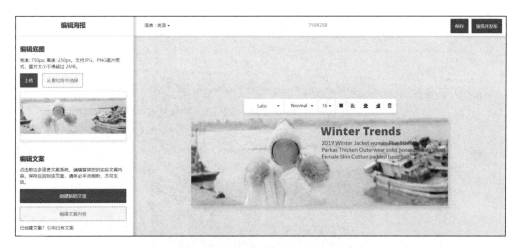

图 5-44　制作完成的海报

5.3.3　添加热区

　　热区是在网页上加入链接的一个区域，即网页上鼠标指针变成小手形状的区域。有时一张海报推荐了若干种商品，需要添加几个不同的链接，这时就需要用到热区功能。以前制作热区需要使用 Dreamweaver 软件，现在我们可以在速卖通后台在线制作热区。如图 5-45 所示，左侧被选中的是一张完整的图片，这张图片上推荐了 3 种商品，因此需要制作 3 个热区。单击"添加热区"按钮即可进入制作热区页面。

图 5-45　选中图片后制作热区

进入制作热区页面后，拖曳浅蓝色的方块，将浅蓝色的方块覆盖在需要加入热区的区域，并在右侧文本框中输入链接地址，如图 5-46 所示。单击"完成"按钮即可制作成功。

图 5-46　制作热区页面

第 6 章

跨境物流与税收政策

学习目标：

- 掌握国内直邮和海外仓发货的流程
- 掌握国际物流分类
- 掌握物流费用计算方法
- 能够选择合适的物流包装
- 了解海关流程和政策
- 了解跨境电商相关税收政策

6.1 跨境电商物流发货方式

目前，我国跨境电商物流主要分为国内直邮和海外仓两种模式，占比分别为 60% 和 40%。

6.1.1 国内直邮运输流程介绍

国内直邮模式是指境外消费者在电商平台下单后，商品经过国内物流、海关清关、境外配送三个阶段被送达消费者手中。因为跨境电商是国与国之间的贸易，所以需要双边清关。与国内物流运输流程相比，国内直邮运输流程比较复杂，其示意图如图 6-1 所示。

图 6-1　国内直邮运输流程示意图

国内直邮运输流程如下。

（1）买家线上下单，卖家发货，包裹交给物流商（货代）或邮局。

（2）物流商或邮局对包裹称重并计算价格，卖家支付运费。

（3）卖家在货物动态追踪上可以看到收寄信息。

（4）物流商或邮局对包裹按国家进行分类、计算邮资、打价格标签，即互封开拆。

> 在国际邮件运输中，邮局有三种常见的操作方式。
>
> 互封开拆（Mutual Opening and Inspection）：指在国际邮件运输过程中，邮件可能在境内和境外的邮局之间进行开拆和检查。开拆和检查的目的是确保邮件内容符合国际邮件运输的规定，不违反相关法律法规，以及保障安全性和合规性。邮件可能会被打开进行检查、扫描或拍照，然后重新封装并继续运输。
>
> 互封封发（Mutual Sealing and Forwarding）：指在国际邮件运输过程中，邮件在境内和境外的邮局之间进行封装和转运的操作。邮件在每个中转邮局或境外邮局都会被重新封装和标

记，以确保邮件能够继续安全地运输并准确地传送到下一个邮局。互封封发可以确保邮件在运输过程中的安全性和完整性，并保证邮件顺利到达目的地。

直封封发（Direct Sealing and Forwarding）：指邮件在发出地的邮局直接封装并直接发送到收件人所在地的邮局，而无须经过中转邮局或境外邮局。直封封发可以减少邮件的中转次数和时间，提高邮件的运输效率。这种方式适用于距离相对较近的地区或国家之间的邮件运输，尤其是在同一个国家或地区的不同城市之间。直封封发可以加快邮件的交付速度。

（5）包裹被送往当地机场，或者转运至其他大邮局，再由大邮局当地的机场发出。

（6）飞机到达收货人所在国，交机场安检，即交航，此环节也是需要重点把控的，有些包裹可能在海关处安检时没有问题，但是在机场被扣押，甚至退回。

（7）收货人的国家机关清关，卖家需要提前跟收货人沟通好，清关时需要收货人配合海关出示清关资料，资料提供得越快，清关速度越快，物流时效就会有所提升。

（8）收货人国家的国内中转、转运。

（9）收货人当地的配送。配送结果可能是妥投，也可能是放置在 P.O box（Post Office Box，邮政邮箱）地址，还可能是放在家门口。这个环节是最后一步，也是要重点把控的一步，需要及时联系收货人，将包裹送达。

6.1.2　海外仓运输流程介绍

海外仓指建立在海外的仓储设置。在跨境电商中，海外仓指国内企业将商品通过大宗运输的形式提前运往目标市场国家，在当地建立仓库、存储商品，再根据当地的销售订单，及时从当地仓库直接进行分拣、包装和配送。

海外仓一般由第三方服务商提供，国内的大卖家使用最多的是亚马逊的 FBA 仓储和配送服务，其次还有菜鸟海外仓等；小部分卖家自己在海外建仓，但这类仓库一般管理和效率都不太理想。

海外仓运输流程主要分为三个阶段，如图 6-2 所示。

图 6-2　海外仓运输流程主要的三个阶段

卖家需要支付的海外仓费用包括头程运费和保险费、仓储费用、包裹处理费、当地国寄给买家的尾程配送费，以及货物通过目的海关时产生的关税。

海外仓运输的流程示意图如图6-3所示，具体流程如下。

（1）卖家将要发货的商品打包装箱，并提供货物的装箱清单及商品资料给海外仓服务商（在服务商的系统内录入并提交相关信息和数据）。

（2）海外仓服务商上门取货（需明确上门取货的区域是否额外收费），或者卖家将货物送至海外仓服务商在国内指定的头程仓库。

（3）货物送达至国内指定的头程仓库后，海外仓服务商进行货物查验、到货商品数据核对、货物入库，之后根据入库单的目的国及运输方式，将货物放到仓库指定的区域进行存放。

（4）海外仓服务商根据卖家选择的物流计划（运输方式和时间）进行订舱，然后通知头程仓库联系实际物流承运商进行提货出库，从仓库送往海关进行报关、清关。

（5）头程运输可以选择海运整柜散货、海运整柜、空运等方式。货物到达目的国，进行进口清关工作。

（6）清关工作完成后，货物被运输至海外仓仓库，海外仓仓库会进行商品入库、检验、库存管理等工作，货物被存放至海外仓服务商仓库里。

（7）货物上架之后，卖家在平台输入实际库存，收到买家订单后，海外仓仓库进行商品的拣货和包装，在出库操作后，货物被送至指定的买家手里。

（8）如果遇到退换货，可以让海外仓仓库人员协助处理退换货等，但一般处理退换货都是要向卖家额外收费的。

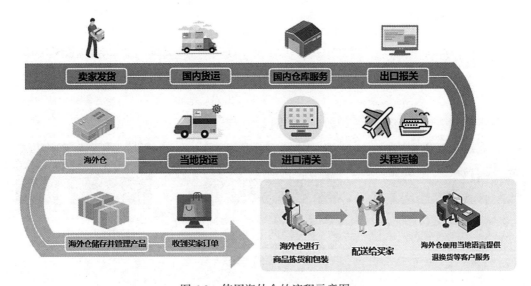

图6-3　使用海外仓的流程示意图

6.1.3　国际直邮和海外仓的优劣势

1．国际直邮的优势

备货成本低：当卖家不能确定未来销量时，可以少量备货，甚至拿货试款，一旦发现款式不合适，可以马上调整库存，降低库存风险，减少备货资金压力。

避免跨境税和关税：在一些情况下，国际直邮可以避免或减少跨境税和关税的问题，因为通常情况下小额个人物品可能不会进行关税的征收。

简便的操作流程：国际直邮通常操作流程相对简单，卖家只需与邮政合作、办理相关单据和付费即可。像速卖通这样的平台提供上门揽件的服务，对中小卖家来说不需要做复杂的物流管理，发国际直邮小包像发国内快递一样简单。

2．国际直邮的劣势

较长的交货时间：尽管现在一些专线的运输速度已经提升至 3~5 天交货，但和海外仓的交货时效相比还是有差距的，并且跨境运输受到天气等不可抗力因素的影响，以及受到目的国海关清关速度的影响，物流时效存在不确定性。

可能发生丢件和延迟：国际邮件在跨越国境和海关检查过程中，有时可能发生丢件或延迟的情况。

跟踪限制：国际直邮通常提供基本的跟踪服务，但跟踪信息可能相对有限，客户可能无法准确了解包裹的实时位置。

限制较大包裹：国际直邮通常适合小型和轻型商品，大件商品和重量超过限制的商品都不适合使用国际直邮。

3．海外仓的优势

获客方面有优势：买家购买海外仓发货的商品可以更早收到货，因此可以促使买家做出下单决定，也能提高客户满意度，增加重复购买率。如果卖家是在跨境电商平台上销售商品，那么由海外仓发货的商品也会获得平台给予的更多的曝光机会。

降低物流成本：使用海外仓可以减少国际物流的成本。卖家从国内直接将商品批量运输到海外仓的运费往往比国际直邮运费总和更低，但也不是绝对的，还要考虑商品的体积和重量等因素，卖家要综合判断哪种运输方式成本更低。

简化退换货流程：当出现退换货的情况时，海外仓可以提供本地退换货服务，降低退换货的时间和成本，有助于提升客户满意度，增强品牌形象。

提供本地市场支持：通过在目标市场设立海外仓，卖家可以提供本地市场的售后支持和客户服务，包括本地语言的客户支持、退换货处理、商品维修等，增加了卖家在目标市场的竞争力。

4．海外仓的劣势

库存管理挑战：在不同的市场运营海外仓可能会增加库存管理的复杂性。卖家需要仔细规划和管理库存，以确保库存的适度水平，避免出现过度库存或缺货的情况。

国际运营要求：跨境电商卖家需要了解和遵守目标市场的法规和规定，包括海关手续、税务规定等。此外，还需要应对不同市场的文化差异、消费习惯等挑战，以确保顺利运营海外仓。

长期来看，海外仓与直发模式将会长期并存且相互补充。对于跨境电商卖家来说，商品结构通常由长期热卖品及新品组成。长期热卖品销量稳定，需要商家保证大量库存以应对买家的订单，对热卖品的管理相对有经验，因此会选择海外仓发货，增强消费黏性。而对于新品而言，SKU 较为丰富，不确定性较大，提前发货至海外仓会增加成本及不确定性，因此可以选择国际直邮，降低自身风险。

6.2 国际物流分类

6.2.1 邮政物流

1．中国邮政平常小包+（China Post Ordinary Small Packet Plus）

因为不需要挂号费，所以运费便宜，但适用范围小，仅限于低货值（一般 3 美元以下）的小件物品，并且只有部分国家可以发。中国邮政平常小包+在国内段有物流跟踪信息，但不提供国外段跟踪信息，仅显示最后签收信息。如果发生丢包情况且无法找回，就只能联系客户退款或重新发货。

2．中国邮政挂号小包（China Post Registered Air Mail）

中国邮政提供的一种经济实惠的国际邮件服务，适用于重量较轻、体积较小的物品。和中国邮政平常小包+相比，中国邮政挂号小包的安全性和时效性较好，每个包裹都会被分配一个唯一的追踪号码，卖家和买家可以通过邮政官方网站追踪包裹的运输状态。

中国邮政挂号小包通常有一定的重量和尺寸限制，具体限制因不同国家和地区而有所差异。关于物流时效，正常情况下 16~35 天到达目的地；特殊情况下 35~60 天到达目的地，特殊情况包括节假日、政策调整、偏远地区等。

（1）收费标准和重量限制。

方形包裹体积限制：长+宽+高≤90cm，单边长度≤60cm。圆柱形包裹最大体积限制：2 倍直径及长度之和≤104cm，单边长度≤90cm。运费按照正向配送费和挂号服务费的形式收取，包裹重量按克计费，1g 起计算重量，单件包裹限重 2kg。

（2）优缺点总结。

- 运费便宜是最大的优点，并且部分国家运达时间并不长，是性价比较高的物流方式。
- 在海关操作方面邮政包裹比快递包裹简单很多，享用"绿色通道"，因此邮政国际小包的清关能力很强。中国邮政是"万国邮联"的成员，其配送网络世界各地都有，覆盖面非常广。
- 邮政国际小包本质上属于"民用包裹"，并不属于商业快递，因此该方式能邮寄的物品比较多。
- 可上门揽收、在线申请赔付，物流信息可查询。
- 限制重量 2kg，阿富汗限重 1kg，这就导致部分卖家的包裹如果超出 2kg，就要分成多个包裹寄递，或者选择其他物流方式。

总体来看，中国邮政国际小包属于性价比较高的物流方式，适合寄递重量较轻、量大、价格要求实惠且对时限和查询要求不高的物品。

（3）通关的注意事项。

- 中国邮政国际小包是一种民用包裹，并不属于商业快递，海关对个人邮递物品的验放原则是"自用合理数量"，该原则即以亲友之间相互馈赠自用的正常需要量为限，因此为了顺利通关，并不适合寄递数量太多的物品。
- 限值规定：海关规定，对寄自或寄往中国港澳地区和国外的个人物品，每次允许进出境的限值分别为人民币 800 元和 1000 元；对于超出限值的部分，属于单一不可分割且确属个人正常需要的，可从宽验放。
- 因当地罢工、自然灾害等原因可能导致寄往当地的服务被暂停。
- 赔偿状况按照订单在速卖通的实际成交价赔偿，最高不超过人民币 300 元。

3. 中国邮政航空大包（China Post Air Parcel）

中国邮政航空大包俗称"航空大包""中邮大包"。中国邮政航空大包除航空运输大包外，还包括水陆运输、空运水陆运输的大包，是中国邮政推出的一种国际邮件服务，可寄达全球 200多个国家，价格低廉，清关能力强，有跟踪码，可在网上查询运输状态。专门用于寄送 2kg 以上、30kg 以下（部分国家限重 20kg）的大件物品。

体积限制：单边长度≤1.5m，长度+长度以外的最大横周≤3m。不能寄送带电商品、液体商品、化妆品等。支持发往全球，可追踪查询。运费按千克收费。中邮大包按运输方可以分为以下三种：

- 中邮航空大包，英文名称 Air（时效：10~30 个工作日）；
- 中邮空运水陆路运大包，英文名称 Sal（时效：30~60 个工作日）；
- 中邮水陆路大包，英文名称为 Surface（时效：60~90 个工作日）。

通常情况下，我们说的中邮大包指中邮航空大包，时效是最快的，而中邮水陆路大包是最便宜的。不建议使用中邮空运水陆路运大包和中邮水陆路大包，物流时效太慢，无法满足国外客户的需求。

4．国际 E 邮宝（International ePacket）

国际 E 邮宝俗称 E 邮宝，又称 EUB，是中国邮政速递物流旗下的国际电子商务业务，是为适应国际电子商务市场需求而推出的产品。支持按总重计费，50g 首重，续重按每克计算。一般来说，重量限制在 2kg 以下，尺寸限制在长+宽+高不超过 90cm。关于物流时效，正常情况下15~30 天到达目的地；特殊情况下 35~60 天到达目的地，特殊情况包括节假日、政策调整、偏远地区等。国际 E 邮宝一般提供简化的关税清关服务，减少了商品在目的国海关的等待时间。

5．国际 E 特快（又称 e 邮宝，e-EMS）

国际 E 特快是中国邮政速递物流旗下的国际电子商务速递业务，该产品以 EMS 网络为主要发运渠道，出口至境外邮政后，通过目的国邮政轻小件网投递邮件，可以为跨境电商平台和跨境卖家提供便捷、稳定、优惠的物流轻小件服务。

国际 E 特快运作模式与国际 E 邮宝运作模式类似，内部处理流程与标准国际 EMS 内部处理流程基本相同，国际 E 特快从传统的 500g 首重、500g 续重计费模式，调整为 50g 首重、50g 续重的计费模式，符合电商产品的特点，有效降低卖家的物流成本，提高产品的市场竞争力。不能寄送带电商品、液体商品、化妆品等。

重量限制：单个包裹的计费重量不得超过 30kg。体积限制：长+宽+高≤90cm，单边长度≤60cm。对圆柱形包裹体积的限制：2 倍直径及长度之和≤104cm，单边长度≤90cm。包裹单边长度<60cm，不算体积重，计费重等于实际重量；如果包裹单边长度≥60 cm，则包裹计抛，体积重=长×宽×高/6000。体积重和实际重量大的为计费重。

6．EMS（Express Mail Service）

EMS 是万国邮政联盟（UPU）成员国之间提供的快速国际邮件服务。EMS 服务覆盖世界上大多数国家和地区，是一种快速、安全的国际快递服务，提供全球范围内的快速投递和跟踪服务。

EMS 的费用较贵，常用于必须快速发送的重要信函或邮件。计费方式：首重 500g，续重500g。每件加收验关费 4 元。若当地无人签收快递，则退给卖家是免费的。

重量限制：单个包裹的计费重量不得超过 30kg。体积限制：包裹单边长度<60cm，不算体积重，计费重=实际重量；如果包裹单边≥60 cm，则包裹计抛，体积重=长×宽×高/6000。体积重和实际重量大的为计费重。

7．其他国家和地区邮政小包

邮政小包是被使用较多的一种国际物流方式，依托万国邮政联盟网点覆盖全球，其对重量、体积、禁限寄物品等方面均有很多的要求。然而，不同国家和地区的邮政机构提供的邮政小包服务或多或少存在着一些区别，主要体现在不同的区域会有不同的价格和时效，以及对承运物品的限制不同。大部分国家和地区邮政小包都要求包裹的长+宽+高≤90cm、单边长度≤60cm，并且重量不超过 2kg。

部分航空小包的特点如下。

- 中国香港小包，时效中等，价格适中，处理速度快。
- 新加坡小包，价格适中，服务质量高于邮政小包一般服务质量，是目前常见的手机、平板电脑等含锂电池商品的运输渠道。
- 瑞士邮政小包，时效较快，但价格较高。在欧洲通关能力强，欧洲申根国家免报关。
- 瑞典小包，时效较快，在俄罗斯通关及投递速度较快，并且价格较低。航空小包是寄往俄罗斯首选的物流方式，并且在某些时段安检对带电池的物品管制没那么严格，可用于寄递带电物品。其他地区的邮政小包，具体情况可参考官网。

6.2.2 商业快递

商业快递又称国际快递，价格贵，但速度快，正常物流时效是 2~7 个工作日。一般用来满足对商品时效性和安全性有极高要求的客户，或者跨境商家希望用快速消费响应吸引客户、打响品牌，并不适合跨境电商零售卖家普通寄递。

四大商业快递采用的是首重+续重的收费标准。以 500g 为首重，以 20kg 为临界值，21~70kg 为大货价格，每增加 1kg，相应地增加一定的收费比例。同时，要计算燃油附加费，每月会有小幅的价格波动。对物品的尺寸要求是任意一边长度不超过 120cm。

1. UPS

UPS（United Parcel Service）即美国联合包裹运送服务，其总部位于美国佐治亚州亚特兰大市，是一家全球性的快递承运商与包裹递送公司。在速卖通线上发 UPS 的优势航线是美洲航线，如美国、加拿大、墨西哥、巴西等国家，最快 3 天即可完成配送，在无异常情况下 6 天基本上都可以完成配送。

UPS 的 4 种快递方式如下。

- UPS Worldwide Express Plus：全球特快加急，资费最高。
- UPS Worldwide Express：全球特快。
- UPS Worldwide Saver：全球速快，俗称"红单"。
- UPS Worldwide Expedited：全球快捷，俗称"蓝单"，是最慢、资费最低的。

2. DHL

DHL 国际快递可寄达 220 个国家及地区，共 12 万个目的地。DHL 在美国创立，目前是德国邮政完全持股的快递货运公司。5.5kg 以下物品发往美洲、英国，价格上有优势。21kg 以上的物品有单独的大货价格。

2012 年，DHL 与速卖通联合推出 HK DHL Express，为速卖通卖家提供线上发货服务，寄送时效为 3~6 天。HK DHL Express 没有明确的体积和重量限制，单件重量≥70kg 或单边长度≥120cm，需收取超长或超重附加费 260 元/票。

3. TNT

TNT 总部位于荷兰，主要在欧洲、南美洲、亚太地区和中东地区拥有航空和公路运输网络。一般物品在发货次日即可实现网上追踪，全程时效为 3~6 天；西欧国家通关速度快，寄送欧洲一般 3 个工作日可到。

2012 年，TNT 与速卖通联合推出线上发货服务，拥有全面的欧洲空运、陆运网络覆盖，主要优势航线为欧洲航线，如英国、德国、法国等国家。单件包裹重量≥70kg 无法寄送，在体积和尺寸方面没有明确限制。

4. FedEx

FedEx（Federal Express）隶属于美国联邦快递集团，是集团快递运输业务的中坚力量。整体而言，FedEx 价格偏贵，但 21kg 以上的物品寄到东南亚国家速度快，价格也有优势。

2012 年，FedEx 和速卖通联合推出线上发货服务，主要优势航线是亚洲航线和美洲航线，如美国、加拿大、印度尼西亚、以色列等国家，时效为 3~6 天。FedEx 最大的优势是清关能力强。若单件包裹单边长度≥270cm，或者围长（长+宽×2+高×2）≥330cm，或者单个包裹重量≥68kg，则无法寄送。

6.2.3　国家专线物流

专线物流指通过航空包舱的方式将众多买家的包裹集中运输到国外，再通过当地合作的尾部配送商进行目的国尾程配送。可递寄的物品规格和属性主要取决于尾部配送商，包括专线大包（单票重量>2kg 且<30kg）和专线小包（单票重量<2kg）。尾程配送大多使用本地邮政或配送网络相对发达的渠道。

专线物流都是点对点的线性运输方式，在时间上能更好地控制成本，不会因为停靠、中转、中途卸货等因素造成时间延误、增加成本。另外，可以承接的物品种类也比较丰富，可以满足不同物品类型的需求，如电池产品渠道，电池产品、化妆品、纯电池等物品都有相应的渠道可以运输。与一般的物流渠道相比，可递寄的物品种类是比较丰富的。

1. 燕文专线（Special Line-YW）

Special Line-YW 即航空专线—燕文，俗称燕文专线，是北京燕文物流公司旗下的一项国际物流业务，是一款可以通达 40 个国家的标准型航空挂号产品。燕文专线费用按照正向配送费+挂号服务费的形式收取，按克计费，1g 起计重，单件限重 2kg。寄送时效正常情况下是 10~35 天，全程可追踪。

方形包裹体积限制：长+宽+高≤90cm，单边长度≤60cm。圆柱形包裹交货地为华东地区的体积限制：2 倍直径及长度之和≤104cm，单边长度≤90cm。圆柱形包裹交货地为华南地区的体积限制：非德国地区单边长度≤60cm，寄往德国的包裹单边长度≤55cm。

2. 俄速通（Russian Air）

俄速通是由黑龙江俄速通国际物流有限公司提供的中俄航空小包专线服务，是通过国内快速集货、航空干线直飞，通过俄罗斯邮政或当地落地配进行快速配送的物流专线的合称。

俄速通费用按照正向配送费+挂号服务费的形式收取，按克计费，1g 起计重，单件限重 2kg。寄往俄罗斯的物品时效快，正常情况下 15~25 天可到达买家目的地邮局，可查询物流时效。方形包裹体积限制：长+宽+高≤90cm，单边长度≤60cm。圆柱形包裹交货地为华东地区的体积限制：2 倍直径及长度之和≤104cm，单边长度≤90cm。

3. 中东专线（Aramex）

Aramex 是中东地区知名的快递公司，提供全球范围的综合物流和运输解决方案。Aramex 与中外运于 2012 年成立了中外运安迈世（上海）国际航空快递公司，在国内也称为"中东专线"，是发往中东地区的国际快递的重要渠道。Aramex 在速卖通平台上提供 36 个目的地的送达服务，正常情况下 3~6 天完成配送。

单件包裹限重 30kg，单边长度≤120cm，围长≤330cm。单票的申报金额大于 600 美元时必须报关，收费标准为 200 元/票。

4. 速优宝芬兰邮政

速优宝芬兰邮政是由速卖通和芬兰邮政（Posti Finland）针对 2kg 以下的小件物品推出的香港口岸出口的特快物流服务，运送范围是俄罗斯、白俄罗斯、爱沙尼亚、拉脱维亚、立陶宛、波兰、德国的全境邮局可到达区域。

速优宝芬兰邮政的费用按照正向配送费+挂号服务费的形式收取，单件包裹限重 2kg。包裹自揽收起 35 天妥投至买家地址对应的邮局。买家在速卖通下单时仅"商品折后价×数量+运费"小于或等于 23 美元的商品才能选择速优宝芬兰邮政挂号小包，如超过 23 美元，则不能使用这个物流。

5. 中俄快递-SPSR

中俄快递-SPSR 服务商 SPSR Express 是俄罗斯优秀的商业物流公司，向卖家提供经北京、香港、上海等地出境的多条快递线路，运送范围为俄罗斯全境。

运费计算方式与中国邮政挂号小包的运费计算方式一致，包括正向配送费和挂号服务费两部分。运费根据包裹重量按每 100g 计费，不满 100g 按 100g 计，单件包裹限重 30kg。包裹体积限制：长+宽+高≤180cm，单边长度≤120cm。

中俄快递-SPSR 的参考时效：承诺俄罗斯 75 个主要城市 11~14 天到达，最长 31 天内必达（不可抗力除外），因物流商原因在承诺时间内未妥投而引起的速卖通平台限时达纠纷赔款，由物流商承担。

6.2.4　速卖通平台专线

1．无忧物流

速卖通无忧物流（AliExpress Shipping）是菜鸟网络推出的物流服务，为速卖通卖家提供国内揽收、国际配送、物流详情追踪、物流纠纷处理和售后赔付一站式的物流解决方案。目前，速卖通卖家使用最多的物流服务就是无忧物流和中国邮政。

无忧物流有 5 种类型：无忧物流—简易、无忧物流—标准、无忧物流—自提、无忧集运（针对中东地区）和无忧物流—优先。

无忧物流有 5 大优势，分别如下。

- 最大的优势是因物流原因导致的纠纷退款由平台承担，纠纷不计入纠纷率。
- 渠道稳定，时效快。无忧物流集合了多家物流服务商，可以根据目的国、品类、重量选择最优的物流方案。
- 低于市场价。发全球享受市场价的 8~9 折，可以使用支付宝收款账户中未结汇的美元支付运费。
- 操作简单。在速卖通后台选择无忧物流可一键完成物流模板设置，出单后重点城市免费上门揽收。
- 平台负责售后，赔付损失。物流纠纷无须卖家响应，平台直接判责。

2．菜鸟物流

菜鸟网络科技有限公司与优质物流商及目的国邮政合作，采用稳定干线资源运输，快速运输到目的国，由当地的邮政进行清关及配送。正常情况下 35~45 天可以实现大部分地区妥投，货物自揽收或签收成功之日起 35 天仍未到达目的国的情况视为丢失，可在线发起投诉，投诉成立后最快 5 个工作日可以完成赔付。

菜鸟物流目前有 3 种物流类型：菜鸟超级经济、菜鸟特货专线—超级经济、菜鸟特货专线—简易。

6.3　运费计算

运费计算分为按重量计费和按体积重计费，以两种计费方式价高的为准，有时还需要另加燃油附加费和包装费，即总费用=（运费+燃油附加费）×折扣+包装费。

1．按重量计费的计算方式

- 只有正向配送费的情况：正向配送费×重量。
- 有正向配送费和挂号费的情况：正向配送费×重量+挂号费。
- 区分首重价格和续重价格的情况：首重价格+(包裹重量−首重)×续重价格。

2．按体积重（又称抛货）计费的计算方式

货物的最长(CM)×最宽(CM)×最高(CM)/6000=体积重。

国际运费成本高，应尽可能控制包裹的体积和重量。卖家在选品时尽量不要选择体积很大的商品，若商品体积大，则要进行处理，如枕头体积大、重量轻，可以真空压缩之后再打包。当商品数量很多时，可以分成几个包裹，避免一起打包时体积过大。能使用塑料袋包装的商品尽量不使用纸盒包装，纸盒更容易计算体积重，而且纸盒的重量也比塑料袋重，如鞋子可以考虑去掉鞋盒改用塑料袋进行包装。

6.4　运输包装

外包装常用的材料为快递塑料袋和纸盒，抗震保护材料有气泡膜、气泡柱等，打印快递单需要用到热敏打印机和三防热敏纸。

卖家应根据不同的商品选择不同的包装材质：

- 发光的商品必须使用纸盒包装，确保外包装不会透光；
- 电子产品或易碎物品要使用气泡膜或气泡柱包装，起到缓冲的作用；
- 长度较长的商品，如鱼竿，可以使用 PVC 管材作为外包装材料；
- 包装的外部不能留下明显的文字信息。

6.5　海关和消费税

清关是在口岸海关进行申报、海关查验、缴税、海关放行等系列程序的统称。清关即结关，习惯上又称通关。货物在清关期间受海关监管，不可以自由流通。跨境所有的包裹都需要经过海关，海关对每个包裹都会进行检查，违禁物品会被海关扣留，货值超过免税标准会被征税，未正常缴税的会被退回。

如果包裹在目的国海关被抽查到且没有马上被放行，就需要缴税，之后才能被放行。发生海关没有放行的情况，需要买家配合海关进行清关。卖家支付给物流公司的费用仅是从卖家手上递送到买家手上的费用，不包含清关所产生的税费。

6.5.1 海关清关问题解析

1. 海关清关过程中遇到的常见问题

- 目的国海关对货物进行抽查，这种情况一般会使通关时间延长 1~3 天，如果抽查没问题，就会被放行。
- 被征关税或关税太高，买家不愿意清关。
- 目的国海关认为申报价值与货物实际价值不符，申报价值过高或过低。
- 收件人信息不正确或节假日期间无法联系收件人，造成清关或关税支付信息等无法确认。
- 货物属于进口国违禁品，或者是假货、仿牌货。
- 进口国限制货物的进口。
- 卖家无法出具进口国需要卖家提供的相关文件。
- 买家无法出具进口国需要买家提供的相关文件。
- 2021 年 7 月欧盟税改后，150 欧元以上的高货值货物需要卖家自行缴纳关税。

2. 与买家协商配合清关

如果商品被征税而买家不愿意支付关税，则卖家可以与买家协商，有如下几种情况。

- 如果进口国对货物征税要求严格，则卖家应事先与买家商定如出现征税情况由谁承担费用。
- 如果事先未协商一致，买家又不愿意清关，则卖家可以做出一定让步，如双方各承担一半，或者给买家发送优惠券。
- 在无法协商一致的情况下，卖家应尽量保留买家不愿意清关的证据，为应对纠纷保存信息。
- 针对欧盟要求 150 欧元以上高货值货物必须缴纳关税的规定，建议卖家在定价时就采用含税价，并使用货代完成关税的缴纳。

综合考虑，如果清关失败，则无论货物被退回还是弃件，卖家都需要承担更高的费用，所以尽量争取让买家配合清关。

6.5.2 DDP 与 DDU 的关税策略和应用

1. DDP（Delivered Duty Paid，交货后关税已付）

在这个贸易模式中，卖家负责所有与货物运输相关的费用和风险，直到货物到达买家指定的地点，并支付目的地的所有关税和税费。简单来说，买家只需等待货物到达指定地点，而无须担心任何额外的费用或手续。

这种方式对于买家来说更为方便，因为不需要处理任何关税和税费；而卖家要有更强的清关能力，与物流公司和货代之间的合作要更紧密，并且清关所产生的费用会被算进商品的售价中。

2. DDU（Delivered Duty Unpaid，交货后关税未付）

卖家负责将货物运输到买家指定的地点，但不负责支付目的地的关税和税费，这些费用由买家承担。当货物到达目的地时，买家需要支付相应的关税和税费才能获得货物。

选择 DDU 方式可以减少卖家的货运成本，因此商品定价也会降低。

6.5.3　跨境电商消费税

跨境电商 B2C 和 B2B 在表现上最大的区别：B2C 通常是少量货物，以小包（以邮政小包为主）的形式发货，为了保证时效，一般会空运，除非体积较大、重量较重，否则很少会海运；B2B 通常是大批量货物，通过集装箱发货，为了降低成本，都使用海运。在跨境电商 B2C 兴起之前，各国的进出口税收政策都是针对 B2B 大宗贸易制定的，B2B 贸易货值大，贸易流程各方面工作都在较低频次上开展。在过去的几年时间里，跨境电商 B2C 包裹以个人用品为目的进入目的国，即使涉及贸易也是以寄送样品为主，不是商品贸易的常规形态，个人物品的跨境寄送适用于行邮税，而且个人自用物品采购在各国指定金额或税额以下的享有减免税政策。因此，跨境电商 B2C 发展的前几年几乎较少涉及税收问题。随着跨境小包越来越多，跨境电商对各国海关与关税体系、目的国实体零售商业的冲击越来越明显，跨境电商发展较快的主要国家在针对跨境 B2C 作为贸易形式的认定、海关申报与通关、商检、制定税收政策等方面都已经较为重视。虽然当前各国的税收政策尚未完全确定，但我们有必要了解通关与税收的原则，相信在不久的将来跨境电商 B2C 全面监管与征税就会在主要国家开展。

世界各国的税收政策针对消费行为征税分为两种：VAT（Value Added Tax，增值税）和 GST（Goods and Services Tax，商品和服务税）。VAT 和 GST 背后的原理不同，简单理解就是针对终端消费行为及其上游供应链各环节征收的税。举一个例子，假设某国家征收的 GST 是 10%，一件售价 100 美元的商品，就要征收 10 美元的 GST，消费者为这件商品一共需要支付 110 美元。那么问题来了，支付的 10 美元 GST 由谁付？如何付？对于卖家来说，商品成本、物流成本等都是相对固定且很难降低的成本，而支付的 10 美元 GST 很可能会进一步挤掉利润，因此不愿承担或不愿完全承担，最终通过定价转嫁给买家。

那么买家如何支付消费税呢？目前看可采用的方法有 3 种：第一种，包裹在海关清关时通知买家支付，之后才能清关，这种方法工作量大，执行起来很困难；第二种，买家在下单时直接支付 110 美元，由卖家向目的国支付 10 美元税，但是卖家遍布世界各地，征税国管理起来也比较困难；第三种，平台收取 10 美元税额，由平台代为统一缴纳，即由平台代为征税，这种方法对于征税国来说管理简便，但也需要与平台达成共识并完成税务对接。

从 2017 年开始，亚马逊欧洲的站点都要求卖家注册当地国的 VAT 账号，并提交到亚马逊后台，没有及时、正确提交 VAT 的卖家将无法继续销售商品，并且会有其他如资金冻结等损失。继亚马逊欧洲站点之后，预期其他国家和其他平台会逐渐开始征税，跨境电商 B2C 贸易在税收方面也会逐渐规范。

6.5.4 欧洲进口税和增值税

1. VAT 的概念

VAT 是欧盟的一种税制，是货物售价的利润税。它适用于在欧盟国家境内产生的进口、商业交易及服务行为。VAT 由**销售增值税（Sales VAT）**和**进口增值税（Import VAT）**两个独立缴纳的税项组成，在商品进口到欧盟国家的海外仓时会产生进口增值税，而商品在其境内销售时会产生销售增值税。

如果卖家使用欧盟国家本地仓储进行发货，就属于销售增值税应缴范畴，即使卖家所选的海外仓储服务是由第三方物流公司提供的，从未在当地开设办公室或聘用当地员工，也需要缴纳 VAT。为了能依法缴纳增值税，卖家需要向海外仓本地的税务局申请 VAT 税号，VAT 税号具有唯一性，只适用于注册当事人。

根据欧盟税法规定，货物仓储在哪里就要注册当地的 VAT。如果卖家注册了英国的 VAT，就可以在英国使用海外仓，从英国海外仓把货物快递至欧盟其他国家的买家手中，但是这个方式是有限额的，每个国家要求的上限不同，超过限额之后就要申请当地的 VAT 税号。对于跨境电商卖家来说，目前速卖通、亚马逊和 eBay 平台都已经强制要求卖家提交德国和英国的 VAT 税号。

EORI 是海关清关码，在货物清关时使用，格式是 GB+VAT 号+000，在欧盟国家内凡是有经济活动，尤其是有进出口生意的个人或企业都必须有这个登记号。

C79 证书是税务退税单，C79 上面有进口 VAT 缴纳的详细信息，有了 C79，就可以在申报的时候抵扣当季需缴纳的销售 VAT 税款。

2. VAT 税率政策

（1）德国 VAT 税率。

德国的标准税率（Standard VAT）为 19%，适用于大部分商品和服务；低税率（Flat VAT）为 7%，适用于书籍、报纸、食品和农产品。

（2）英国 VAT 税率。

英国的标准税率为 20%，进口增值税可以抵扣销售税。低税率首年税率为 6.5%，第二年税率为 7.5%；年销售额首年低于 15 万英镑的，次年及以后都低于 23 万英镑的卖家可以申请低税率，但是不可以抵扣销售税。

根据欧盟规定，货值低于 15 英镑或 22 欧元的货物在入关时可以免缴 VAT，也就是说，直邮商品且价格低于 15 英镑的包裹可以免缴 VAT，但是应该如实申报，以免被抽查到。

3．VAT 的计算方式

进口增值税＝（申报货值+头程运费+进口关税）×VAT 税率

进口关税＝申报货值×商品税率（不同商品的税率不同）

销售增值税＝最终销售价格×VAT 税率÷（1+VAT 税率）

最终销售价格是指卖家将商品成本、推广费用、关税、增值税、利润等所有费用加进去后的最终价格。

实际缴纳 VAT＝销售增值税−进口增值税

4．VAT 申报周期

（1）德国申报时间。

在德国需要每个月申报一次和年度申报一次，一年共需要申报 13 次。需要提供当月营业额（亚马逊账单）、其他账单（物流公司账单、海关报税单）等。

（2）英国申报时间。

在英国需要一年申报四次，按季度申报。即使没有产生销售额，也要按时进行零申报，不申报会有罚金。

申报时需要准备的资料包括进项单据即进口增值税纳税文件、C79 文件或物流公司提供的账单、销项单据即开具给买家的账单、PayPal 销售数据或银行月度账单、采购及销售数据、其他在当地产生费用的单据。

5．如何申请 VAT 税号

（1）申请德国 VAT 税号。

按照德国联邦税务局的规定，海外商家和个人纳税者在德国本地的经营和服务活动没有免税金额，无论业务大小都需要向德国联邦税务局进行注册申报，以获取德国的 VAT 税号并履行相应税务申报和缴纳的义务。以下销售方式应缴纳德国的增值税：

- 卖家从位于德国的仓库向德国的买家/收货人销售商品；
- 卖家从位于欧盟其他国家的仓库向德国的买家/收货人销售商品；
- 卖家从第三地（欧盟以外国家）向德国的买家/收货人销售商品，前提是卖方或其代理人负责对销售的商品清关报税。

在内地和香港地区均可自行申请德国 VAT 税号，需要向德国税务局提交完整的 VAT 申请，需要提交的内容包括：

- 公司营业执照、税务登记证、企业章程；

- 公司法定代表人的相关证明；
- 公司控股股东报告；
- 国际汇款银行账户信息；
- 仓储信息等相关资料；
- VAT 申请表。

以上资料都需要翻译成德文。德国税务局只接受网上报账，网上报账的系统是按月申报的，亚马逊卖家或 eBay 卖家必须提交从在德国销售日起至今的每个月的销售额，补交之前所有应缴税款后，德国税务局才会下发 VAT 税号。

德国税务相关税号如下。

德国本土税号（Steuernummer）：大部分情况下，该税号用于卖家所有有义务登记的税务中，税务号码由 10~13 位数字组成，并且只含有数字。

增值税号（Umsatzsteuer-Identifikationsnummer）：格式是 DE 开头，后面接 9 位数字。

德国增值税注册证书（Bescheinigung nach §22f UStG）：这是一个完税证明，证明如实申报并已经缴纳税金。

（2）申请英国 VAT 税号。

自 2012 年 12 月 1 日起，按英国税务和海关总署（HMRC）规定，只要海外公司或个人在英国销售商品，无论销售金额多少，都应申请注册英国 VAT 增值税号，并上缴售后增值税，除非这些商品或服务属于免缴增值税的范畴。

申请 VAT 所需资料包括：

- 公司营业执照；
- 公司法定代表人的相关证明；
- 销售商品和销售状况资料；
- VAT 申请表。

以下人员或机构可以申请 VAT 税号：

- 个体户、独资经营人（Sole Proprietor）；
- 合伙人经营（Partnership）；
- 公司经营（Corporate Body）；
- 协会或俱乐部（Club or Association）。

卖家可以在网上或通过邮寄的方式自行向英国政府申请 VAT 税号。

如果卖家在英国没有办公室或业务机构，也没有英国居住证，则属于 NETP（Non-Established Taxable Person）。NETP 只能通过邮寄的方式申请 VAT 税号。先通过链接下载 VAT 申请表格，填写 VAT 申请表格的提醒事项，如图 6-4 所示。

图 6-4　通过链接下载申请表格和提醒事项

然后参考提醒事项将 VAT 申请表格填写完整，在打印、签字后邮寄至网站上的指定地址。

如果卖家有英国办公室或英国居住证，则可以直接在网上申请 VAT 税号，申请前需注册一个 HMRC 账户，如图 6-5 所示。

图 6-5　注册 HMKC 账户

另外，也可以通过邮寄的方式申请，同 NETP 申请方式，先在网上下载 VAT 申请表格，填写完整后打印、签字并邮寄至网站上的指定地址。

6.5.5　跨境电商企业出口的税收法律制度

1．什么是出口退税

出口退税政策是指我国对出口商品已征收的增值税和消费税，按照规定的税率和程序，退还给出口企业的一项税收优惠政策。这个政策的目的是鼓励企业加大出口力度，提高国际市场竞争力。

2．哪些企业可以享受出口退税政策

凡是在中国境内注册并具有出口权的企业，均可按照规定申请出口退税。包括生产企业、贸易企业及其他具有出口权的企业。

3．出口退税退的是什么税

- 增值税（个人、企业或单位在经营过程中所取得增值额应缴纳的税费）。
- 消费税（以消费品的流转额作为征税对象的各种税收，是政府向消费品征收的税项）。

4．出口退税货物的认定条件

- 属于增值税、消费税征税范围，包括除直接向农业生产者收购的免税农产品以外的所有增值税应税货物，以及烟、酒、化妆品等 11 类列举征收消费税的消费品。
- 报关离境，即输出关口，有自营出口和委托代理出口两种形式。不报关离境的货物，不得视为出口货物予以退税（离境指出口到中国境外、港澳台和境内的 7 个特殊区域）。
- 出口退（免）税的规定只适用于贸易型的出口货物，对非贸易性的出口货物，如捐赠的礼品、在国内个人购买并自带出境的货物、样品、展品、邮寄品等，在财务上不做销售处理，按照规定不能退（免）税。
- 对于出口收汇，之前要在出口货物做了收汇核销后才能参与退税计算，现在可以在收汇前将退税款退给企业，但外汇管理局会对企业定时进行总量核查。如果企业获得了退税款但在收汇期内没有收汇，也没做延期收汇报告，则企业会被认为有骗税嫌疑而被降低信用等级。

6.6　速卖通物流模板设置

6.6.1　认识新手运费模板

卖家在发布商品之前需要设置好商品运费模板，如果未设置自定义模板，则只能选择新手运费模板才能进行发布。下面介绍新手运费模板并讲解如何"自定义模板"。登录店铺后台，单击"模板管理"区域中的"运费模板"选项，如图 6-6 所示。

图 6-6 单击"运费模板"选项

下面介绍新手运费模板，单击图 6-5 中的 Shipping Cost Template for New Sellers，就可看到"运费组合""运达时间组合"两个选项卡，如图 6-7 所示。

图 6-7 显示"运费组合""运达时间组合"两个选项卡

在"运费组合"选项卡中，新手模板包含 AliExpress Saver Shipping、AliExpress Premium Shipping、AliExpress Standard Shipping、China Post Registered Air Mail、EMS 和 ePacket，系统提供的标准运费为各大快递/运输公司在中国大陆地区公布的价格，对应的减免折扣率则是根据目前平台与中国邮政洽谈的优惠折扣提供的参考。

平台显示的"其余国家""不发货"包含了两重意思，一是部分国家不通邮或邮路不够理想；二是部分国家有更优的物流方式可选，如收件人在中邮小包不发货的国家，卖家可通过 EMS 发货。在"运达时间组合"选项卡中，"承诺运达时间"为平台判断包裹寄达收件人所需的时间。

6.6.2　新建运费模板

对于大部分卖家而言，新手模板并不能满足需求，这种情况下可以进行运费模板的自定义设置，设置入口有两个，一个是直接单击"新增运费模板"按钮，另一个是单击"编辑"按钮新增运费模板，如图 6-8 所示。

图 6-8　设置自定义运费模板的两种方式

使用以上两种方式新建运费模板显示的界面包含五部分：一是选择发货地区，二是选择物流（如图 6-9 所示），三是设置优惠折扣，四是个性化地选择寄达国家（如图 6-10 所示），五是个性化地设置承诺运达时间。

图 6-9　选择发货地区和物流

图 6-10　选择寄达国家

下面以 China Post Registered Air Mail 即中国邮政挂号小包的设置为例进行操作说明。

勾选该物流方式，如图 6-11 所示。

图 6-11　勾选物流方式

选择"标准运费"单选按钮意味着对所有的国家均执行此优惠标准，如图 6-12 所示 。

图 6-12　选择"标准运费"单选按钮

如果需要对所有的国家均采用卖家承担邮费即包邮处理，则选择"卖家承担运费"单选按钮，如图 6-13 所示。

图 6-13　选择"卖家承担运费"单选按钮

如果卖家希望对所有的买家均承诺同样的运达时间，则需要进行运达时间设置，并输入承诺天数，如图 6-14 所示。

图 6-14　设置运达时间

事实上，大部分卖家希望进行更细致的设置，可以通过自定义运费和自定义运达时间来实现。卖家只需单击"自定义运费"单选按钮即可对运费进行个性化设置。设置的第一步是选择国家/地区，此处有两种选择方法，一是按照地区选择国家，二是按照区域选择国家，如图 6-15 所示。

图 6-15　选择国家/地区的两种方法

为了便于说明，下面以对"黑山""阿根廷"两个国家不发货为例进行说明。进入自定义运费设置界面后，操作步骤如下。

（1）选择国家，有两种选择方法。方法一是按照地区选择国家，展开"欧洲"的国家名，如图 6-16 所示。

图 6-16　展开"欧洲"的国家名

找到"黑山"并勾选其复选框，如图 6-17 所示。

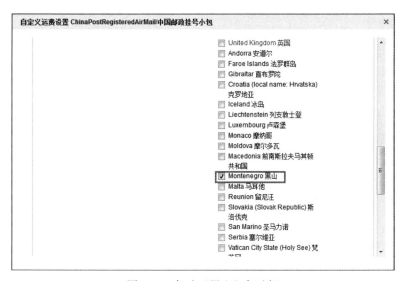

图 6-17　勾选"黑山"复选框

展开"南美洲"的国家名，勾选"阿根廷"复选框，如图 6-18 所示。

方法二是按照区域选择国家，仍然以"黑山""阿根廷"为例，可在"3 区"找到"黑山"，在"4 区"找到"阿根廷"，如图 6-19 和图 6-20 所示。

图 6-18　勾选"阿根廷"复选框

图 6-19　按照区域选择"黑山"

图 6-20　按照区域选择"阿根廷"

（2）对已选择的国家进行"不发货"设置，然后单击"确认添加"按钮，如图 6-21 所示。

图 6-21　对已选择的国家进行"不发货"设置

（3）如果需要对更多的国家进行个性化设置，先单击"添加一个运费组合"链接，如图 6-22 所示。

图 6-22　单击"添加一个运费组合"链接

然后选择相应的国家，再进行发货类型的设置。发货类型除对选择的国家进行"不发货"设置外，还可以对标准运费进行一定程度的折扣减免，如图 6-23 所示。

图 6-23　自定义运费设置

也可以进行"包邮"设置，即选择"卖家承担运费"选项，如图 6-24 所示。

图 6-24　选择"卖家承担运费"选项

同时，还可以对重量或数量进行自定义运费设置，如图 6-25 所示。

图 6-25　对重量或数量进行自定义运费设置

（4）单击"确认添加"按钮，如图 6-26 所示。

图 6-26 单击 "确认添加" 按钮

（5）单击 "保存" 按钮，如图 6-27 所示。

图 6-27 单击 "保存" 按钮

以上是自定义运费的设置步骤，下面介绍自定义运达时间的设置步骤。

为了便于理解，下面以中邮小包寄递 "巴西 120 天，俄罗斯 90 天，其他国家 60 天" 为例说明设置的步骤。

（1）选择所需的物流方式后，选择 "自定义运达时间" 单选按钮，如图 6-28 所示。

图 6-28 选择 "自定义运达时间" 单选按钮

（2）对不同国家设置不同的承诺运达时间。选择"自定义运达时间"单选按钮后，卖家可以看到平台预设的承诺运达时间，如图 6-29 所示。

图 6-29　平台预设的承诺运达时间

卖家应该知道，承诺运达时间并非实际上包裹从发出到买家签收的时间，为了更好地保障卖家和买家双方的权益，在设置承诺运达时间之前，卖家应该考虑以下 3 个因素：

- 买家的购买感受；
- 邮路的实际情况；
- 防止买家在承诺运达时间到期前因时间而产生的纠纷。

卖家应根据实际情况适当修改承诺运达时间，本例最终的自定义时间设置如图 6-30 所示。

图 6-30　修改自定义时间

（3）单击"保存"按钮。卖家必须根据自身的实际情况进行自定义运费的设置，切忌盲目模仿。因为国际物流受国家政策、物流资费调整、极端天气、政治原因、邮路状况等多种因素的影响，不同的时期，卖家应该设置不同的运费模板。

第 7 章

跨境客户服务

学习目标：

- 熟悉客户服务原则
- 了解客服团队的工作流程
- 解决纠纷的方法和策略
- 针对客户问题提供解决方案

7.1 客户服务原则

7.1.1 客服工作目的

1. 解决疑问，促进销售

售前客服通常需要解答客户对商品、服务和物流的咨询。售前客服应从专业的角度为客户提供商品信息，针对客户的需求推荐合适的商品，催促客户及时下单、付款，尽量提高转化率和客单价。

售前客服应该具备专业的商品知识，了解每款商品的特点，熟悉客户端下单的操作流程，以及具有与客户讨价还价的谈判技巧。针对客户经常提出的问题，建立一个完整、全面的常用话术文档，可以提高客服的日常回复效率。

2. 提升买家体验，安抚买家情绪

售中客服的任务主要是为买家提供物流信息，在发货之后第一时间给买家发一封提醒邮件，告知买家物流服务商和物流跟踪单号，以及预计可以送达的时间。若遇特殊情况导致物流延迟，则客服应及时、主动地联系买家，说明情况并尽量协助买家查询物流信息，安抚买家情绪。

3. 解决售后问题，降低纠纷率

售后客服的任务是处理买家收到商品之后的事宜，在买家对商品没有意见的情况下，引导买家给商品留下好评，这对店铺评分及缩短资金回款周期都有好处。如果买家对收到的商品有使用方面的疑问，那么客服要指导买家掌握使用方法。如果出现商品质量问题，或者买家对商品不满意想要退货、退款，客服就要有一定的应变能力，一般情况可适当给予优惠和部分退款，既要让买家满意，又要权衡利弊，尽量减少损失。有时可能会遇到给恶意差评的买家，不给好处就给差评，客服在处理这些恶意买家的差评时，可以在差评下面进行合理的解释，让后面的潜在买家在挑选商品时不受此差评的影响。另外，还要筛选出这些恶意买家，建立黑名单，做好记录和防范。

售后客服需要经常面对买家情绪不好的情况，客服需要具备危机处理能力，善于安抚买家情绪，积极解决问题，引导买家留下正面评价。

7.1.2 客服工作原则

1. 积极主动，主导沟通

客服不能机械地应对客户提问，当客户提出一个问题时，客服应尝试理解客户问题背后的动机。比如，当客户提出问题"这件衣服除白色外，有黑色吗？"客服可以尝试了解客户为什

么想要黑色的衣服，客户提出这个问题背后的原因可能是客户不喜欢白色；客户体型丰满，穿黑色显瘦；客户所处地区排斥白色的衣服；客户因要参加某活动需要穿黑色衣服等。如果客服机械地回答"没有黑色"，那么这位客户很可能就流失了；如果客服了解问题背后的动机，就能针对客户的动机推荐其他可以满足需求的商品。

客服工作应尽量做到以下三点。

- 提供解决方案，让客户选择。无论是售前推荐商品，还是售后解决问题，客服都应该主动为客户提供解决方案，并且尽可能提供一套以上的解决方案供客户选择。
- 话语柔和，善解人意。话语柔和亲切，让客户感觉到在与人沟通，而不是在与机器沟通。网络沟通没有语气、语调和面部表情，信息传达会有部分缺失，客服可以用笑脸表情和英文流行网络用语来弥补，拉近与客户的距离。
- 多做一些，让客户安心。如果物流延迟，客服可以主动告知客户物流运输情况，主动提供必要的信息让客户在购物和等待的过程中更有安全感，减少纠纷，提高好评率。

2．实事求是，控制期望值

客服不能为了达到销售目的做过度宣传，也不能为了暂时敷衍客户提问做过度承诺。客服答复应以实事求是为原则，客户会对客服做出的承诺产生不同程度的期望，客服应控制客户的期望在可兑现的范围内。

3．承担责任，安抚情绪

客户发起售后咨询通常是因为某些原因造成这次交易不愉快，客服在接待售后咨询时应以安抚客户情绪为首要任务。

客户提出的理由可能是卖家的责任，也可能是物流责任，甚至可能是客户自己的责任，客服面对客户提问应第一时间安抚情绪，再分辨责任。如果是卖家的责任，客服应第一时间承担责任，补偿客户损失；如果不是卖家的责任，客服可以表示理解客户的困扰，并且积极主动地帮助客户解决问题。

7.2　客服工作流程

7.2.1　客服话术库管理流程

客服话术库管理流程如图 7-1 所示。

图 7-1 客服话术库管理流程

7.2.2 催促物流处理流程

催促物流处理流程如图 7-2 所示。

图 7-2 催促物流处理流程

7.2.3 发货确认处理流程

发货确认处理流程如图 7-3 所示。

图 7-3 发货确认处理流程

7.2.4 售后商品问题处理流程

售后商品问题处理流程如图 7-4 所示。

图 7-4 售后商品问题处理流程

7.3 提升客户满意度

7.3.1 影响客户体验的因素

良好的客户体验不仅决定是否能留住老客户，还直接影响新客户的购买决策。

1. 促使客户下单的因素

（1）图片质量。

漂亮、清晰的图片是说服买家下单最主要的因素，除图片是否好看外，商品的细节是否被展示清楚也是买家关注的。此外，很多海外买家喜欢看没有经过美化处理的实拍图，这些实拍图让买家下单时更安心。

（2）买家评价。

据调研，69%的买家在下单前都会查看购买过此款商品的买家评价，在售后工作中，引导买家留下积极正面且带图片的评价，可以有效提高商品转化率。

（3）周边或类似商品的价格比较。

线上的商品展示形式让比价成为很容易的事，不同店铺的商品之间细微的价格或功能区别被清楚地呈现在买家面前，如果你的商品在同平台上有其他卖家在出售，那么建议你认真做好差别工作，哪怕只是视觉方面的差别，也会让你有更高的商品转化率。

（4）买家秀。

正面的买家秀可以直接影响买家决策，反面的买家秀会让一位潜在买家放弃下单。为了收集更多优秀的买家照片，可以开展征集活动，通过给予礼品的形式让更多买家提供照片。

（5）商品视频说明

现在大部分电商平台都提供视频展示功能，视频展示可以更清楚地展示商品功能和细节，是影响买家直接下单的因素。

（6）及时有效的沟通。

第一时间解决客户疑问，客户就可以尽快下单购买，延后的回复虽然也解决了疑问，但是在客户等待的时间里客户可能找到了新的卖家，也可能改变了购买决定。如果因为时差的问题不能在第一时间回复信息，可以向客户解释。

2．阻碍客户下单的因素

（1）需要付运费。

虽然包邮的运费都是包含在商品总价里的，但是客户对包邮和需要买家付运费两者的感受有很大的区别，并且参加平台活动也会要求卖家包邮，所以建议在定价时就把运费算入成本。

（2）退货流程麻烦。

欧美客户偏爱有退货服务的商品，若收到的商品不喜欢，就可以轻松退货。但是跨境电商的退货成本很高，将商品退回到中国的运费可能是卖家从中国寄去运费的几倍之多，因此建议有能力的卖家考虑海外仓发货，降低退货成本，减少客户的下单顾虑。

（3）物流速度慢。

跨境物流速度慢的问题同样可以通过海外仓发货来解决，在尚未使用海外仓的情况下，要合理选择物流公司以提高物流速度，尤其是大促期间物流容易爆仓，这时如果选择货代发货就有一定的概率被延误。

（4）支付遇到困难。

有些海外客户使用互联网并不熟练，有些地区的网络速度比较慢，有些国家的银行支付系统不好用，有很多原因导致客户最终无法成功付款。客服要尽可能了解客户端的使用流程，如果客户下单后没有及时付款，就要及时问问客户是否遇到了支付困难，尽可能为客户提供帮助。

3．可能导致中差评的因素

（1）商品图片与实物有差异。

有时我们为了使自己的商品看起来比较吸引人，会在图片处理上或多或少添加一些商品本身没有的效果，这样就会使客户有一个美好的心理预期，提高了客户对商品的期望值。然而，一旦客户收到的实物与商品图片差别很大，就会非常失望，通常会在第一时间询问为什么颜色或形状有那么大的差别。

对于这类投诉，要积极主动地向客户解释，并提供原有的商品图片。如果只是小部分修图处理造成的色差，那么合理的解释还能获得客户的信任。客服在处理过程中要表现出对客户的重视，适当地给予下次下单的优惠。用真诚的态度解决客户的问题，然后向客户争取好评。

为了避免这类投诉和差评，卖家在上传商品图片时，可以展示多角度的细节，也可以用没有处理过的图片，尽量让客户对商品有真实、全面的视觉印象。

（2）客户不会使用。

有些电子产品的功能比较复杂，客户使用时不愿意耐心研究，与客服沟通时买卖双方的表达能力可能都不太好，导致讲不清楚，这种情况在 3C 卖家中比较常见。建议卖家在选品时选择功能和操作简单的商品，说明书上的使用方法要简单直观，配上多种语言。很重要的一点是，要将商品状态设置为客户收到货后立刻可以打开使用，不需要客户进行充电或其他操作，否则会对客户体验产生负面影响。

如果客户已经提交了差评，通过沟通发现是因为客户使用不当造成的，则可以请客户在差评下方进行补充评价，卖家也可以在评价下方做出说明。

（3）商品质量问题。

如果客户提出的问题单纯是商品质量问题，则卖家可以要求客户提供相应的照片，根据照片反映的质量问题给予客户适当补偿。此外，还应该到自己的出货记录中查找相同时间范围内其他商品的反馈，分析库存的货物质量，如果客户反馈的质量问题是普遍存在的情况，则应从供应链端优化商品质量。

（4）客户在下单前提出的细节要求没有得到满足。

有些客户在下单时会备注特别需求，比如，"这是为我的婚礼准备的，请不要让我失望"。遇到这样的订单，应该请出货的人员特别注意该订单的质量和包装。另外，如果这位客户买了一件非常便宜的商品，从询盘的态度上可以看出他对商品的期望很高，这种情况下为了避免差评，可以考虑多花一点成本去满足这位客户的心理预期。在发货之前尽量揣摩一下客户的心理需求，避免一些不必要的差评。

（5）标题写了 Free shipping（包邮），可是收到货物之后还要付费。

很多卖家为了吸引客户下单，都会在标题上写 Free shipping，卖家也做到了免邮。但是有的卖家忽略了部分国家的进口政策，如美国对大于 200 美元申报价值的货物要收取进口关税；加拿大和澳大利亚对高于 20 美元申报价值的货物收取关税；英国、德国等欧洲国家对货物的申报价值规定是 20~25 美元，一旦超出将会有更多的关税产生。

一旦有关税产生，客户就必须支付关税后才能拿到货物，因此卖家会遇到这样的询问："Why I should pay 25 punds for the package, you told me that was free to ship, how could you lie to me? I am very disappointed."

还有一些客户因为要支付额外的费用而拒绝签收，这些都是潜在的差评和纠纷。因此，卖家在发商业快递的时候，要注意填写申报价值，货值很高的商品要提前和客户沟通。

（6）信用卡账户有额外的扣款显示：AliExpress Charge。

速卖通平台对客户的支付不收取费用，但客户需了解支付的银行是否需要收手续费。例如，买家用 T/T 转账，在通过银行支付时，银行会收取一定的手续费。

4．完善服务，留下美好的初次印象

为了提升客户的购物体验，卖家必须做好各方面的客户服务，下面是一些优秀卖家的客服回复模板，可供参考。

（1）客户光顾你的店铺，询问商品信息。

跟客户初次打招呼要亲切、自然，表现出卖家的热情，尽量在初步沟通时把商品情况介绍清楚。

Hello, my dear friend. Thank you for your visiting to my store, you can find the products you need from my store. If there is not what you need, you can tell us, and we can help you to find the source, please feel free to buy anything! Thanks again.

（2）鼓励客户提高订单金额和订单数量，提醒客户尽快确认订单。

Thank you for your patronage, if you confirm the order as soon as possible, I will send some gifts. Good news: Recently we have promotion in our store. If the value of goods you buy count to a certain amount, we will give you a satisfied discount.

（3）发货之后提醒客户已经发货。

模板 1：Dear friend, your package has been sent out, the tracking NO. is ×××××××××× via DHL, please keep an eye on it, hope you love our product and wish to do more business with you in the future. Good luck!

模板 2：Dear customer, we have sent the goods out today, and we can receive the tracking number after 12 hours later, we'll send you message when we receive it.

模板 3：The goods you need had been sent to you. It's on the way now. Please pay attention to the delivery and sign as soon as possible. If you have any questions, please feel free to contact me.

（4）完成交易后表示感谢，并希望客户能够回购。

Thank you for your purchase, I have prepared you some gifts, which will be sent to you along with the goods. Sincerely hope you like it. I'll give you a discount, if you like to buy other products.

（5）在推广新商品或采购季期间，根据经验给客户推荐自己店铺热销的商品。

Hi friend,

Christmas is coming, and Christmas gifts have a large potential market. Many buyers bought them for resale in their own store, it's high profit margin product, here is our Christmas gift link, please click to check it, if you want to buy more than 10 pieces, we also can help you get a wholesale price. Thanks.

Regards

（6）处理已经下单却还未支付的订单。

模板 1：Dear, thank you for your support! We will send out the package as soon as possible after your payment.

模板 2：Friend, best wishes to you! Besides, we have two shipping method here: DHL and UPS both can be delivered within 3-5 days, if you only accept DHL, just note it under the order. If you prefer UPS, note at your order as well dear. Thank you.

（7）订单被速卖通平台关闭。

Dear, your order has been closed because your credit card has not been approved by the AliExpress, if you want the hair now, we have prepared for you and you can put a new order, Besides, you can pay through western union, t/t payment or money bookers payment too. Also, please contact with the Ali initiatively! Good luck!

（8）大量订购询问价格。

若赶上采购季，就要抓住机会，回复客户一定要详尽，内容一般包括商品的价格、样式、采购量和相应的价格，这个报价建议是包括运费的，并且价格要有相对优势，让客户感觉给了他优惠。

Hi friends. Thank you for your inquiry, we very much hope to complete the order with you, here is the products link you need, if you buy 100 pieces, we can give you a wholesale price, $25/piece. If you have any idea, please let us know, and we will try our best to help you. Looking forward your reply.

Regards

（9）海关问题。

某些国家海关的严格检查会造成货物到达时间延误，建议及时通知客户。及时的沟通会让客户感觉卖家一直在跟踪货物的状态，是一位负责任的卖家，从而避免误会。

Dear friend,

We received notice of logistics company, now your customs for large parcel periodically inspected strictly. In order to make the goods sent to you safely, we remind you of the delay in transportation, and suggest that you agree with customs requirement. Please let us know as soon as possible. Thanks.

（10）退换货问题。

Dear friend,

I'm sorry for the inconvenience. If you are not satisfied with the products, you can return the goods back to us.

When we receive the goods, we will give you a replacement or give you a full refund. We hope to do business with you for a long time.

We will give you a big discount in your next order.

Best regards

7.3.2　速卖通纠纷规则和纠纷解决方法

1．速卖通纠纷规则

关于纠纷，速卖通对卖家的考核指标有三个，分别是纠纷率、裁决提起率和卖家责任裁决率。设立这三个考核指标的初衷是区分卖家的服务能力，让客户能够找到服务能力相对较好的卖家。图 7-5 是速卖通纠纷规则指引图。

图 7-5　速卖通纠纷规则指引图

卖家发货并填写发货通知后，买家如果没有收到货物或对收到的货物不满意，则可以在卖家全部发货 10 天后申请退款（若卖家设置的限时达时间小于 5 天，则买家可以在卖家全部发货后立即申请退款），买家提交退款申请时纠纷即生成。

在买家提交或修改纠纷后，卖家必须在 5 天内接受或拒绝买家的退款申请，否则订单将根据买家提出的退款金额执行。

如果买卖双方协商达成一致，就按照双方达成的退款协议进行操作。如果无法达成一致，就提交至速卖通平台进行裁决：

- 买家提交纠纷后，双方有 7 天的协商期，负责纠纷处理的工作人员会在 7 天内（包含第 7 天）介入处理；
- 若买家提起的退款申请原因是"未收到货—货物在途"，则系统会在限时达时间到达后自动提交速卖通平台进行裁决。

对于纠纷，速卖通鼓励卖家积极与买家协商。速卖通处理纠纷的工作人员介入后，会根据买卖双方提供的证据进行一次性裁决，卖家必须接受速卖通平台的裁决。

2. 如何解决纠纷

纠纷类型如图 7-6 所示。

图 7-6 纠纷类型

（1）买家未收到货物类型的纠纷。

当物流状态显示货物还在途中暂未到达时，卖家可以和买家沟通先关闭纠纷通道，并且帮买家延长收货时间。很多买家害怕自己的利益不能得到保障而提起纠纷，其实只要买家的货物还未确认收货，买家就会耐心等待收货且确信资金安全。

（2）对货物短装的纠纷。

提起纠纷的原因可能是订单包含多件商品，卖家使用两个包裹发货，其中一个包裹已妥投，而另一个包裹仍在途中，买家以未收到货为由提起纠纷，并要求部分退款。在遇到这类纠纷时，卖家可以拒绝纠纷，并向买家强调另一个包裹仍在运送途中，并提供在途包裹的运单号给买家，同时帮助买家延长收货时间，等待在途包裹的到达。此类纠纷在平台介入后会通过邮件告知双方情况。

- （买家）部分包裹在途，建议等待。如果包裹妥投，请确认收货。

The tracking number shows the goods are in transit, we'll ask seller to contact shipping company to confirm the status of package within 3 calendar days. If you have received the goods in good condition, please cancel this claim and confirm order received.

- （卖家）货物运输时间已经超过承诺运达时间，建议积极与买家沟通。在响应时限到期后，若包裹仍未妥投，则卖家应该同意部分退款，并告知买家。

I have agreed to refund you. Firstly, I refused your dispute is that because this parcel RB59×××564CN is in shipping. I hope it can be shipped and we extended deliery time for you. I do not ingored you. I am very sorry for the late.

（3）海关扣关。

海关扣关指交易订单中的货物由于海关所涉及的原因被进口国海关扣留，造成买家未收到货物。海关所涉及的原因包括但不限于以下原因：

- 进口国限制订单货物的进口；
- 关税过高，买家不愿意清关；
- 订单货物属假货、仿货、违禁品，直接被进口国海关销毁；
- 货物申报价值与实际价值不符，导致买家需要在进口国支付罚金；
- 卖家无法出具进口国需要的卖家应提供的相关文件；
- 买家无法出具进口国需要的买家应提供的相关文件。

当货物被进口国海关扣留时，常见的物流状态如下：

- handed over to customs（EMS）；
- clearance delay（DHL）；
- Dougne（在法国会显示妥投，但签收人是 Dougne）。

速卖通平台在接到此类纠纷裁决之日起 2 个工作日内会提醒卖家 7 天内提供海关扣关原因信息和证据，根据信息和证据确定责任并进行裁决。建议卖家在货物发出后及时关注物流情况，出现异常时与买家和物流公司保持沟通，及时了解扣关原因并尽可能提供相关信息及证据。

（4）包裹被原件退回。

交易订单中的货物因为买家收货地址有误或不完整无法妥投，或者因买家原因无法清关，导致包裹被退回，自速卖通通知卖家举证开始 3 天内，卖家需要提供因买家原因导致包裹不能正常妥投的证明，证明的形式可以是物流公司的查单、物流公司内部发出的邮件证明、与买家的聊天记录等。

包裹被寄往或妥投在非买家地址，是由卖家填写了错误的买家收货地址，或者邮局误将包裹寄往了非买家地址，导致买家无法正常签收包裹的，自速卖通通知卖家举证开始 3 天内，卖家提供发货底单及买家要求修改收货地址的沟通记录。若底单上的地址与买家收货地址不一致，并且卖家无法提供证据证明买家要求修改收货地址，则可判定卖家发错地址。

若最终判定为卖家发错地址，则建议卖家先尝试与物流公司联系，更改买家收货地址，若更改后买家收到货物，则全额放款；若无法更改或更改后买家还是未收到货物，则建议卖家联系物流公司取回包裹。

（5）物流显示货物已经妥投。

物流信息显示货物已经妥投，但是买家以未收到货提起了退款申请，并且未与卖家达成一致意见，提交到速卖通平台进行裁决。

自速卖通通知卖家举证开始 3 天内，卖家需要提供货物妥投的证明（物流公司的物流信息截图、妥投证明等）。

（6）买家拒签。

买家拒签包括有理由拒签和无理由拒签。有理由拒签，即当货物递送至买家（包括买家代表）时，买家发现货物存在肉眼可见的损坏或与订单不符的情况，如货物破损、短装、严重货不对版等，买家可以当场拒绝签收。无理由拒签，即货物递送到买家（包括买家代表）时，买家无任何理由拒绝签收。卖家可提供相应的聊天记录和发货物流底单。

（7）货物途中丢失。

出现货物途中丢失的情况，卖家需要跟买家解释纠纷对自己店铺的影响。此外，确定货物途中丢失后，卖家可重新发货，并及时发给买家新的运单号。

（8）买家收到的货物与约定不符类型的纠纷。

- 质量问题。及时查找真正的原因，如果是质量问题，则可以让买家选择退货退款或保存货物的同时退部分款，由于没有纠纷率的顾虑，因此只要买家接受方案，就可以解决纠纷。
- 与描述不符。买家收到的货物与卖家在网站相应的商品详情页上的描述存在颜色、尺寸、商品包装、品牌、款式、型号等方面的差距。商品描述以卖家在速卖通平台上展示的商品描述为准。卖家需要保证商品的描述信息（包括商品标题、商品详情页等）前后一致，如出现信息矛盾或误导倾向，则平台保留最终的纠纷裁决权。

如果在买家下订单之前卖家已经明确提示买家，商品可能存在颜色的偏差，或者商品可能存在一定误差，并明确了误差大小，那么自速卖通发出通知起 3 天内，卖家需要提供有关提示的沟通记录作为证明。

7.4　客服回复的经典模板

客服大部分时间都在解答客户的各种问题，下面是跨境电商行业客服工作中常用的回复模板，可供卖家参考。

- 催促下单，库存不多。

Dear ×,

Thank you for your inquiry. Yes, we have this item in stock. How many do you want? Right now, we only have × lots of the × color left. Since they are very popular, the product has a high risk of selling out soon. Please place your order as soon as possible. Thank you! Best Regards, (Your name)

- 回应买家砍价。

Dear ×,

Thank you for your interests in my item. I am sorry but we can't offer you that low price you asked for. We feel that the price listed is reasonable and has been carefully calculated and leaves me limited profit already. However, we'd like to offer you some discounts on bulk purchases. If your order is more than × pieces, we will give you a discount of ××% off. Please let me know for any further questions. Thanks. Sincerely, (Your name)

- 断货。

Dear ×,

We are sorry to inform you that this item is out of stock at the moment. We will contact the factory to see when they will be available again. Also, we would like to recommend to you some other items which are of the same style. We hope you like them as well. You can click on the following link to check them out. <http://www.aliexpress…> Please let me know for any further questions. Thanks. Best Regards, (Your name)

- 周末回复不够及时，先表示歉意，因为错过了最佳 24 小时回复时间，所以可通过主动打折的方式争取客户。

Dear ×,

I am sorry for the delayed response due to the weekend. Yes, we have this item in stock. And to show our apology for our delayed response, we will offer you 10% off. Please place your order before Friday to enjoy this discount. Thank you! Please let me know if you have any further questions. Thanks. Best Regards, (Your name)

- 选择托管，提醒折扣快结束了。

Hello ×,

Thank you for the message. Please note that there are only 3 days left to get 10% off by making payments with Escrow (credit card, Visa, MasterCard, money bookers or Western Union). Please make the payment as soon as possible. I will also send you an additional gift to show our appreciation. Please let me know for any further questions. Thanks. Best Regards, (Your name)

- 合并支付及修改价格的操作。

Dear ×,

If you would like to place one order for many items, please first click "add to cart", then "buy now", and check your address and order details carefully before clicking"submit". After that, please inform me, and I will cut down the price to US$××. You can refresh the page to continue your payment. Thank you. If you have any further questions, please feel free to contact me. Best Regards, (Your name)

- 提醒买家尽快付款。

模板 1：

Dear ×,

We appreciated your purchase from us. However, we noticed you that haven't made the payment yet.

This is a friendly reminder to you to complete the payment transaction as soon as possible. Instant payments are very important; the earlier you pay, the sooner you will get the item. If you have any problems making the payment, or if you don't want to go through with the order, please let us know. We can help you to resolve the payment problems or cancel the order. Thanks again!

Looking forward to hearing from you soon.

Best Regards, (Your name)

模板 2：

Dear ×,

We appreciated your order from us. You have chosen one of the bestselling products in our store. It's very popular for its good quality and competitive price.

Right now, we only have × lots of the × colors left. We would like to inform you that this product has a high risk of selling out soon.

We noticed that you hadn't finished the payment process for the order. We'd like to offer you a

10% discount on your order, if you purchase now.

We will ship your order within 24 hours once your payment is confirmed. If you need any help or have any questions, please let us know.

Best Regards, (your name)

p.s We are one of the biggest suppliers on AliExpress. With more than 3 years' experience in world trade, we are able to provide the best prices, the highest quality and the superior service. We inspect our products before shipping them out and provide a 1-year warranty for all products. We promise to give you a full refund if the products are not as described. If you have any questions, please contact us; we are happy to help you.

- 订单超重导致无法使用小包免邮的回复。

Dear ×,

Unfortunately, free shipping for this item is unavailable; I am sorry for the confusion. Free shipping is only for packages weighing less than 2kg, which can be shipped via China Post Air Mail. However, the item you would like to purchase weighs more than 2kg. You can either choose another express carrier, such as UPS or DHL (which will include shipping fees, but which are also much faster). You can place the orders separately, making sure each order weighs less than 2kg, to take advantage of free shipping. If you have any further questions, please feel free to contact me.

Best Regards, (Your name)

- 海关税（customs tax）。

Dear ×,

Thank you for your inquiry and I am happy to contact you. I understand that you are worried about any possible extra cost for this item. Based on past experience, import taxes falls into two situations. First, in most countries, it did not involve any extra expense on the buyer side for similar small or low-cost items. Second, in some individual cases, buyers might need to pay some import taxes or customs charges even when their purchase is small. As to specific rates, please consult your local customs office. I appreciate for your understanding! Sincerely, (Your name)

- 因为物流有风险，所以卖家无法向买家国家发货时给出的回复。

Dear ×,

Thank you for your inquiry. I am sorry to inform you that our store is not able to provide shipping service to your country. However, if you plan to ship your orders to other countries, please let me know; hopefully we can accommodate future orders. I appreciate for your understanding!

Sincerely, (Your name)

- 已发货并告知买家。

Dear ×,

Thank you for shopping with us. We have shipped out your order (order ID: ×××) on Feb. 10th by EMS. The tracking number is ×××. It will take 5-10 workdays to reach your destination, but please check the tracking information for updated information. Thank you for your patience! If you have any further questions, please feel free to contact me. Best Regards, (Your name)

- 物流遇到问题。

Dear ×,

Thank you for your inquiry; I am happy to contact you. We would like to confirm that we sent the package on 16 Jan 2012. However, we were informed package did not arrive due to shipping problems with the delivery company. We have re-sent your order by EMS; the new tracking number is: ×××. It usually takes 7 days to arrive to your destination. We are very sorry for the inconvenience. Thank you for your patience. If you have any further questions, please feel free to contact me.

Best Regards, (Your name)

- 买家希望卖家提供样品，而卖家店铺不支持邮寄样品。

Dear ×,

Thank you for your inquiry; I am happy to contact you. Regarding your request, I am very sorry to inform you that we are not able to offer free samples. To check out our products we recommend ordering just one unit of the product (the price may be a little bit higher than ordering by lot). Otherwise, you can order the full quantity. We can assure the quality because every piece of our product is carefully examined by our working staff. We believe trustworthiness is the key to a successful business. If you have any further questions, please feel free to contact me.

Best Regards, (Your name)

第 8 章

数据分析

学习目标：

- 理解数据分析的基本思路

- 掌握行业数据分析的方法

- 理解单品分析的逻辑

- 理解平台分析和独立站分析的逻辑

- 认识第三方数据工具

8.1　数据分析思路

8.1.1　数据分析的目标和定位

店铺运营包括市场分析、选品开发、店铺监控、商品分析、打造爆款等，在所有运营环节中，能够为决策提供客观依据的就是数据分析。数据分析的目标是找到最适合店铺的运营方案，达到销售利润最大化。

基础卖家需要掌握选品、编辑商品信息、采购货物、正常发货等技能。进阶卖家需要做好客服工作、开好直通车、做好店铺营销活动、促进店铺销量平稳增长等重点工作。明星卖家、超级卖家要整合供应链、提高库存周转率、提升议价能力、建立品牌意识、做行业 TOP 店铺。以上工作的优化都离不开数据分析。

8.1.2　数据分析的常用步骤

（1）确定目标。

应明确需要解决的问题。

（2）收集数据。

收集自己店铺的数据。自己店铺过往的销售记录、交易转化数据、广告推广效果等是最真实、最有价值的数据，应该定期收集并整理后存档。

收集平台提供的数据。前台展示的数据：销售排行榜、搜索排行榜、平台闪购活动（如 Super Deal）等。卖家后台展示的数据：有些平台会在卖家后台展示一些行业数据，如速卖通卖家后台提供的"数据纵横"工具是速卖通基于平台海量数据打造的一款数据产品，卖家可以充分利用这个工具了解行业状况。

使用第三方数据工具。有些第三方数据工具是专门服务跨境电商卖家的，提供平台上的行业数据、竞品数据，可以监测自己店铺的推广数据等；有些第三方工具是体现全球网民搜索趋势的，如谷歌趋势。

（3）整理数据。

数据可整理后制作成图表，也可以用 Excel 公式及数据透视表功能进行统计，最重要的是可以直观地看到想要的结果。

（4）对比数据。

通常对比数据后才能得出结论并做出判断。比如，本月数据和上月数据的对比、不同商品的数据对比。

（5）做出判断。

通过对比数据发现需要改进的地方，或者筛选出较优方案。

（6）尝试改变。

尝试建立一个新方案进行数据测试。比如，在做付费广告推广时多尝试使用几张不同风格的广告图。

（7）前后对比，确定最优方案。

测试 A、B 方案后选择最优方案，达到最优效果。

8.1.3 数据分析的常用概念

浏览量（PV，Page View），指页面被访问的总次数。一个页面被点击一次，记为一次浏览；一位客户多次点击或刷新同一个页面，记为多次浏览，累加不去重。

访客数（UV，Unique Visitor），指网站独立访客总数。一位客户一天内多次访问一家店铺，记为一位访客。

转化率，常用的转化率有详情页成交转化率和全店铺转化率。详情页成交转化率=详情页成交客户数/详情页访客数。全店铺转化率=全店铺成交客户数/全店铺访客数。

点击率，指页面上某个内容被点击的次数与被展示的次数之比，反映内容受关注的程度，常用来衡量推广图片或商品主图的效果。

支付率，指已支付订单的数量占被拍下总订单数量的百分比，支付率=支付订单数/订单总数。

跳失率，指客户登录店铺后只访问了一个页面就离开的人次占店铺登录页面访问总人次的百分比。跳失率=跳失人次/登录页面总人次。

访问深度，指客户一次连续访问的店铺页面数。平均访问深度即客户平均每次连续浏览的店铺页面数。

人均店内停留时间，指平均每位客户连续访问店铺的时间。

成交转化率，指成交人数占总访客数的比率，成交转化率=成交人数/访客数。

客单价，指平均每位买家的支付金额，客单价=某段时间内的销售额/客户数（客户去重）。客单价和单件商品价格相关，也和买家购买的商品数量有关，提高客单价意味着每位买家向店铺提供的价值更大。

老客户占比，指成交客户中老客户所占的比率，老客户一般被定义为两年内在本店铺有购买行为的客户。老客户占比=成交客户中老客户数/成交总客户数。

8.2　行业数据分析

行业分析让卖家对行业趋势、行业容量、行业内的参与者有完整的了解，这些信息能帮助卖家做出经营决策，包括选品策略、品牌策略、营销策略等。

8.2.1　行业大盘分析

了解平台市场大盘的基准数据，有利于帮助卖家精准地把握产品的行业概况，行业构成和国家市场构成，充分地把握类目市场的动向，为商品的经营做出详细的指导。

1．平台市场分析

在分析跨境电商平台时，我们要探讨的主要问题包括平台的整体容量、访客数的趋势、哪些行业表现最佳、主要的买家市场和客单价的分布。

图 8-1 是速卖通卖家后台行业趋势数据的截图。

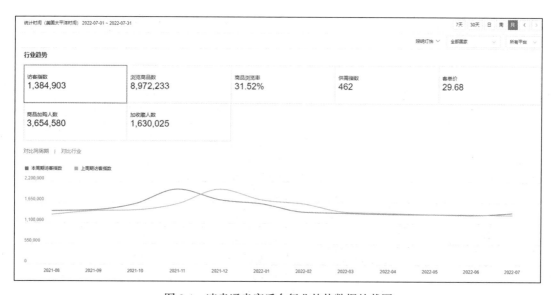

图 8-1　速卖通卖家后台行业趋势数据的截图

这是针对速卖通整个平台的数据指数，我们从中可以了解访客数、浏览商品数等数据情况。需要注意的是，这里的指数并不是指具体的访客数，而是一个反映访客数大小的综合指标，访客数值越大，表明该类目的访客数越多，潜在消费人群越大。我们可以通过指数的趋势图了解平台整体访客的走势，预测在什么季节平台的整体访客数量可能出现上涨。

2．行业具体数据分析

在行业分析的过程中，我们需要解决的问题是某个行业的整体状况，包括行业容量、行业热销品、竞争对手有哪些、客单价区间。可以用到的数据工具包括平台数据、谷歌趋势等。

查看速卖通卖家后台行业趋势数据，其中的行业对比指跟相关行业进行数据趋势对比，可以分别从访客数占比、成交额占比、在售商品数占比、浏览量占比、成交订单数占比和供需指数等方面进行对比分析。从对比中可以发现行业的动态变化趋势，随着时间、季节等变化，买家的消费选择也在不断变化，有前瞻性的卖家通过判断可以加强对某个蓝海市场的投入，或者避开一些竞争过于激烈的红海市场。

以服饰配饰、流行饰品、手提包三个行业为例，图 8-2 是同一个时间段以上三个行业的访客数占比趋势图。

图 8-2　同一个时间段三个行业的访客数占比趋势图

图 8-3 是同一个时间段以上三个行业的成交额占比趋势图。

图 8-4 是同一个时间段以上三个行业的供需指数趋势图。

图 8-3　同一个时间段三个行业的成交额占比趋势图

图 8-4　同一个时间段三个行业的供需指数趋势图

对行业趋势进行分析，先选择行业，然后查看该行业最近 7 天、30 天和 90 天的流量，以及成交转化数据和市场规模数据，了解市场行情变化情况。图 8-5 为服装/服饰配件>女装>连衣裙行业在最近 90 天环比上周的数据变化情况。

行业数据					
	流量分析		成交转化分析		市场规模分析
	访客数占比	浏览量占比	成交额占比	成交订单数占比	供需指数
最近90天均值	50.62%	34.31%	27.52%	26.33%	113.2%
环比周涨幅	↓ -2.16%	↓ -0.17%	↑ 1.7%	↑ 0.92%	↑ 3.34%

图 8-5　查看连衣裙行业数据

图 8-6 为服装/服饰配件>女装>连衣裙行业最近 7 天的趋势数据明细，此分类访客数占比不断降低，成交额占比也随之下降，供需指数却在上升，简单理解就是连衣裙买家的增速没有连衣裙卖家的增速快，导致竞争越来越激烈。

趋势图　　趋势数据明细					⬇ 下载最近30天原始数据
	流量分析		成交转化分析		市场规模分析
	访客数占比	浏览量占比	成交额占比	成交订单占比	供需指数
2015-02-28	43.78%	33.49%	30.31%	26.78%	140.3%
2015-03-01	44.07%	33.43%	28.34%	26.47%	137.69%
2015-03-02	44.77%	33.94%	31.09%	27.15%	131.19%
2015-03-03	44.91%	34.07%	29.85%	27.2%	130.54%
2015-03-04	44.3%	34.23%	29.45%	26.8%	130.61%
2015-03-05	44.24%	34.04%	30.25%	27.81%	131.79%
2015-03-06	45.08%	34.28%	29.84%	26.76%	131.03%
2015-03-07	44.11%	33.66%	31.11%	26.6%	136.77%
2015-03-08	41.89%	33.56%	30.81%	27.57%	143.08%

图 8-6　连衣裙行业最近 7 天的趋势数据明细

3．国家市场分析

在国家市场分析中，我们要解决的问题：卖家选择的品类适合哪些国家？卖家选择的国家市场存在哪些市场机会？卖家可以利用平台数据，查看哪些国家或地区对特定品类的需求最大；而谷歌趋势可以帮助卖家了解某一款商品或品牌在不同国家的搜索热度。

市场机会分析如下。

- **季节和气候**：使用谷歌趋势来观察特定国家在不同季节对某一款商品的搜索趋势。
- **客单价**：平台数据可以提供不同国家消费者的平均订单金额。
- **热销品**：通过平台数据，可以了解每个国家的销售排行榜，而谷歌趋势提供该国的商品或品牌搜索热度。

国家市场分析可以让运营者清楚地知道类目市场国家的成交和增速情况，以及不同国家的客户属性，对分析客户画像有很大的帮助，如图 8-7 所示。

高GMV高增速

国家&地区	支付金额占比	上升指数	物流天数
巴西	14.88%	1,334	17
法国	4.91%	1,147	13
以色列	4.68%	1,165	16
德国	3.01%	1,162	15
匈牙利	1.05%	1,558	18
瑞士	1.29%	1,195	15
乌克兰	1.09%	1,241	23
沙特阿拉伯	0.98%	1,212	14
罗马尼亚	0.90%	1,192	24
斯洛伐克共和国	0.79%	1,227	16

高GMV低增速

国家&地区	支付金额占比	上升指数	物流天数
泰国	0.66%	1,052	13
葡萄牙	0.86%	1,072	16
日本	1.01%	1,075	10
新西兰	1.13%	1,047	15
捷克共和国	1.27%	1,120	16
加拿大	1.45%	1,076	16
智利	1.47%	1,100	16
英国	1.60%	1,115	13
意大利	1.79%	1,079	20
墨西哥	2.16%	999	15

低GMV高增速

国家&地区	支付金额占比	上升指数	物流天数
挪威	0.59%	1,271	20
奥地利	0.49%	1,164	17
拉脱维亚	0.40%	1,207	18
肯尼亚	0.36%	1,316	22
丹麦	0.34%	1,277	21
哈萨克斯坦	0.37%	1,162	35
阿拉伯联合酋长国	0.31%	1,260	14
哥伦比亚	0.34%	1,155	20
芬兰	0.31%	1,239	24
土耳其	0.32%	1,146	13

低GMV低增速

国家&地区	支付金额占比	上升指数	物流天数
斯里兰卡	0.11%	409	48
菲律宾	0.12%	988	40
尼日利亚	0.15%	806	19
摩洛哥	0.12%	1,023	31
马耳他	0.12%	1,022	24
阿根廷	0.15%	956	67
爱尔兰	0.15%	1,066	26
塞尔维亚	0.25%	1,076	23
克罗地亚	0.30%	1,108	17
秘鲁	0.38%	1,052	25

图 8-7　国家市场分析中对不同国家的分析

8.2.2　选品分析

选品分析的目的是帮助卖家选品，找到哪些品类是存在市场机会的。速卖通卖家后台的**选品专家**就是为卖家提供数据参考的。

1．选品专家指标说明（三大要素）

成交指数：指在所选行业的所选时间范围内，累计成交订单数经过数据处理后得到的对应指数。成交指数不等于成交量，指数越大，成交量越大。

购买率排名：指在所选行业的所选时间范围内购买率的排名。

竞争指数：指在所选行业的所选时间范围内，商品词对应的竞争指数。竞争指数越大，竞争越激烈。

2．爆款选品要素

（1）挑选的商品要有热度。

若商品全部是过季商品或长尾商品，就很难保证店铺销量的稳定和持续增长。冬天卖泳衣明显热度不够，虽然南半球的客户会购买，但想成为店铺的爆款也有难度。

（2）商品具有差异化特点。

简单地抄袭爆款不会成功，同样的商品，别的卖家累计销量已经很高了，你想用同款商品的一个新的链接超越对手是很困难的。通过数据分析，提炼热卖商品的关键特点，卖差异化的商品才是成功之道。

（3）商品购买转化率高。

高点击率、低转化率的商品不能给店铺带来实际成交量。想要商品转化率高，就不能销售到处都能看到的商品，它不能带来高的转化率。

（4）商品关联性强。

例如，一家主营连衣裙的女装店铺，打造雪纺衫为爆款并作为引流商品就是正确的关联。

3．爆款开发案例

在图 8-8 所示的"TOP 热销产品词"页面中可以查看行业下全球最近一天热销的品类，其中圆圈越大，商品的销量越高。

图 8-8　"TOP 热销产品词"页面

仅看图不容易发现心仪的商品，单击右上角的"下载最近 30 天原始数据"链接，可以查看热销词表，如图 8-9 所示。

商品关键词	成交指数	购买率排名	竞争指数
dress	124364	3	4.47
blouse	74287	1	2.02
t-shirt	38350	5	3.32
bikinis set	30954	2	1.85
panties	19425	8	1.9
bra	17416	4	1.56
skirt	16997	6	1.55
tank	16690	9	0.97
hoody	15245	11	1.96
legging	13475	10	3.03
jacket	12172	19	1.05
pants	9668	17	1.69
jumpsuits	9400	7	1.48
sweater	9011	16	3.81
shaper	7754	12	1.24
shorts	6047	15	0.7
one piece	5613	21	1.42
tights	5131	20	0.9
sock	4641	23	1.55
ntimate accessor	4519	18	0.41

图 8-9　热销词表

下面是关于图 8-9 热销词表的分析。

- dress：成交指数最高，购买率排名也很高，但是竞争指数也偏高。
- blouse：符合三大要素。
- t-shirt：购买率排名偏低，竞争指数偏高。
- bikinis set：基本符合三大要素。
- skirt 后面的商品：成交指数不高。

图 8-10 为买家依次浏览、点击、购买的商品，连线越粗，表示商品与商品之间的关联性越强，即买家依次浏览、点击、购买的人数越多；圆圈越大，表示商品的销量越高。

图 8-10　买家依次浏览、点击、购买的商品

还有一个要素是关联性，通过"TOP 关联产品"分析，可以看出 blouse 与 dress 和 t-shirt 的关联销售比 blouse 与 sweater 的关联销售紧密。

做好选品分析后，我们基本选定了 blouse 品类。精确寻找 blouse 的热点属性需要用到"TOP 热销属性"功能，如图 8-11 所示。

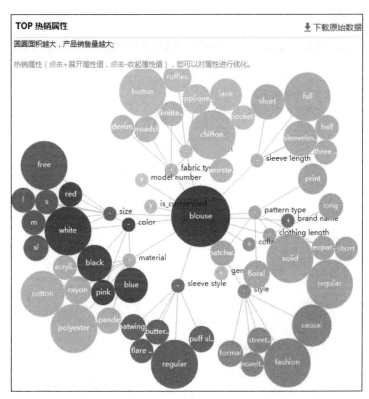

图 8-11　"TOP 热销属性"功能

可以下载原始数据，查看热销属性一览表。下面总结了热销 blouse 具备的基本属性。

面料：chiffon（雪纺）。

领型：o-neck（圆领）。

修饰：button（纽扣），lace（蕾丝），appliques（亮片），ruffles（荷叶边褶皱）。

图案：solid（纯色）。

把这些有效属性排列组合起来，根据"热销属性组合"功能，就能获得最终商品信息，如图 8-12 所示。

可以单击圆圈，查看"热销属性组合"详情。例如，单击 Batwing Sleeve 圆圈，弹出图 8-13 所示的"热销属性组合"详情。选取重要的商品特征，如 Decoration：Appliques 和 Fabric Type：Chiffon，之后单击"搜索选中的关键词"按钮，就可以直接搜索有相应属性的在售商品。

图 8-12　"热销属性组合"功能

图 8-13　"热销属性组合"详情

4．长尾商品开发

长尾商品是相对于爆款而言的具有品类深度的商品，一家成熟的店铺不能只依靠两三个爆款，关联商品的销售能带来更高的利润。传统的"二八法则"认为，20%的商品带来了80%的销量，但是还要关注蓝色的长尾商品，这部分销量可以积少成多，80%的商品能创造超过一半的利润。

长尾商品开发可放宽商品开发的条条框框，并且需要供应商配合。SKU数量庞大的商品备货多了，会产生巨大库存并占用现金流，并且往往单个SKU的库存量还很少，补货及发货的及时性得不到保障，供应商配合是服务好客户的必要条件。

所以，开发长尾商品要选择优质供应商的商品，按供应商现货情况备货。不能按照打造爆款的思路为其添加飙升词和热搜词，想把长尾商品打造成爆款是不现实的。图8-14为dress商品的热搜词界面。

图 8-14　dress 商品的热搜词界面

5．流行趋势频道

流行趋势频道是平台对站内外大数据进行挖掘整合，分析服装、服饰、鞋包、珠宝钟表等类目的流行趋势的板块，希望助力有一定供应能力和市场敏锐度的卖家，开发新款商品，带动市场销量增长。

因此，具有相关流行元素、特征、描述、关键词、图片的商品，将有机会在速卖通各个分站的流行趋势频道中予以曝光，包括英文站、俄文站、葡文站。目前开放的类目有服装、服饰、鞋包、童装和珠宝钟表类目，如图 8-15 所示。

图 8-15　流行趋势频道

图 8-15 中几个指标的说明如下。

● "站内有产品"表示提取的潮流特征在速卖通上有类似商品。

- "站内无产品"表示提取的潮流特征在速卖通上没有类似商品。
- Hottest 表示站外目前热门的潮流特征。
- Newest 表示站外最新的潮流特征。
- "上新度"和"热度"是 Hottest 和 Newest 两个维度的排名，意思一样。
- 更新时间是每周一。

这些类目的商品具有符合该类目流行趋势的特征、描述、关键词，类似图片的款式将有机会在各站点的流行趋势频道予以曝光。平台筛选进入这些频道的商品的原则如下。

- 图片要求：具有高质量的商品图片。商品图片为外国模特图或原始商品单图，无边框、无"牛皮癣"、商品主体突出、背景干净。商品图片与潮流趋势图片类似。严禁盗用"数据纵横"→"潮流趋势"的图片发布商品，一经发现将按侵权处理。
- 商品标题要求：标题中含有"数据纵横"→"潮流趋势"中提炼出来的关键词。
- 严禁关键词滥用。
- 服务等级要求：服务等级在及格或及格以上。

8.2.3 搜索分析

搜索分析得到的结果，一是为选品做参考，二是为引流做参考（SEO、广告投放）。

关键词分析维度：热搜词和飙升词。另外，零少词也可以作为参考。

1. 热搜词

热搜词即买家热门搜索关键词、买家搜索量大的关键词，其列表如图 8-16 所示。

热搜词涵盖信息：是否品牌原词、搜索人气、搜索指数、点击率、支付转化率、竞争指数、TOP3 热搜国家组成。

（1）是否品牌原词，如果是品牌原词，则在关键词的使用过程中需要规避非自己品牌的品牌词，避免产生侵权行为。

（2）搜索人气指的是选定时间范围内该词搜索的人数，搜索人气数值越高，说明该词在买家购买行为中使用的人数越多。

（3）搜索指数指该词被搜索的次数，同一个词可能会被反复搜索，这样热度就会越来越高，搜索指数和搜索人气的比值越高，说明该词平均每人次搜索次数越多，该词的使用率越高。

（4）点击率即搜索该词给产品带来的访客数和曝光数的比值，点击率越高，说明该词的使用效果越好。

（5）支付转化率即搜索该词带来的访客对产品的支付转化情况，支付转化率越高，说明该词的转化效果越好。

图 8-16 搜索分析中的热搜词列表

（6）竞争指数即该词在使用过程中的竞争程度，竞争指数越大，该词的竞争程度越激烈；竞争指数越小，该词的竞争程度越不激烈。

2. 飙升词

飙升词指在特定时间范围内该词的搜索指数飙升，或者搜索该词带来的商品数飙升，或者搜索该词带来的曝光商家数飙升。飙升词列表如图 8-17 所示。

图 8-17 搜索分析中的飙升词列表

在搜索词分析中应该重点分析搜索指数飙升幅度较大的词，并且查找该词下的商品，分析商品特性。这类词搜索指数飙升很大程度上是商品的特征导致的，分析这类词下的商品的共性，可以辅助我们进行类目选品，发现类目潜在的商品机遇。

3．零少词

零少词是指具备一定相关搜索热度，但搜索该词得到的商品展示数量较少的一类词，如图 8-18 所示。

统计时间（美国太平洋时间）2022-09-20 ~ 2022-09-26			7天 30天	照明灯饰 > 商业照明 ∨	全部国家 ∨
热搜词　飙升词　零少词					请输入搜索词 🔍
商品结果范围数(108+) ∨					
搜索词	是否品牌原词 ⓘ	曝光商品数量增长幅度 ↕		搜索指数 ↕	搜索人气 ↕
halloween	查看商品	N	4.45%	35,897	27,065
dj	查看商品	N	6.23%	35,293	6,249
led	查看商品	N	-7.55%	30,188	22,824
christmas lights	查看商品	N	11.43%	24,783	8,942
led lights	查看商品	N	34.76%	21,459	9,572
iluminación escénica	查看商品	N	10.81%	20,211	5,461
stage lighting	查看商品	N	-8.34%	18,259	4,755
disco light	查看商品	N	31.86%	15,917	2,623
disco ball	查看商品	N	-1.20%	13,168	3,772
christmas decoration	查看商品	N	84.80%	12,885	9,011
laser	查看商品	N	-4.15%	12,827	8,304
christmas	查看商品	N	27.01%	12,693	9,316
light	查看商品	N	53.33%	12,517	6,477
luces discoteca	查看商品	N	17.69%	12,283	1,745

图 8-18　搜索分析中的零少词列表

速卖通平台的热搜词数据库是制作商品标题的利器。标题是系统在排序时与关键词进行匹配的重要内容，专业的标题能提升卖家店铺的可信度。

一个优质的标题具有这样的格式：风格词+商品分类词+特征属性词+颜色+尺码。特征属性词和商品分类词是基本确定的，无法做出更多的选择，需要卖家熟悉商品并汇总自己的词库。风格词往往不具有唯一性，一件衣服是复古风格还是韩版风格很难确定，每个人的理解也有很大偏差，卖家应该充分利用 120 个字符的长度，尽量填写搜索指数高的风格词。

图 8-19 为针对 blouse 的热搜词表部分截图，建议下载原始数据在 Excel 中进行分析。

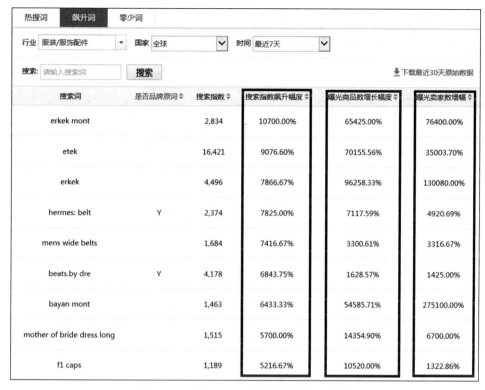

图 8-19　针对 blouse 的热搜词表部分截图

关键词分析指标的说明如下。

- 是否品牌原词：如果是禁限售商品，则销售此类商品会被处罚。对于品牌商品，如果拿到授权，就可以进行销售。
- 搜索指数：搜索该关键词的次数经过数据处理后得到的对应指数。
- 搜索人气：搜索该关键词的人数经过数据处理后得到的对应指数。
- 点击率：搜索该关键词后点击进入商品页面的次数。
- 成交转化率：关键词带来的成交转化率。
- 竞争指数：供需比经过指数化处理后的结果。
- TOP3 热搜国家：所选时间段内搜索量最高的 3 个国家。
- 搜索指数飙升幅度：所选时间段内累计搜索指数同比上一个时间段内累计搜索指数的增长幅度。
- 曝光商品数增长幅度：所选时间段内每天平均曝光商品数同比上一个时间段内每天平均曝光商品数的增长幅度。

在销售过程中，系统热搜词在卖家的商品中也有"水土不服"的现象，这是关键词严重同质化造成的，所有卖家都想用热门的关键词，如"NEW 2022"。关键词竞争度过高，被搜索到的概率反而小了。

这时我们应该更多地运用飙升词页面提供的数据来优化标题。如图 8-20 所示，在飙升词页面中应该关注搜索指数飙升幅度、曝光商品数增长幅度和曝光卖家数增幅。

图 8-20　飙升词页面

8.3　单品数据分析思路和方法

8.3.1　单品数据分析思路

1．新品导入期

这个阶段一般少量备货，测试市场接受度和商品吸引力。

要关注的核心指标如下。

（1）是否有出单。

（2）曝光量与浏览量的增长趋势。一个持续的上升趋势意味着选品方向是正确的。

（3）从流量到下单的转化率和加购率。如果转化率相对较低，则可能需要优化商品的卖点；如果加购率较高但购买率较低，则可能需要降低价格。

2．商品上升期

当商品在市场中获得认可，并且出单数量呈上升趋势时，商品成功进入上升期。这个阶段的工作重点是保护并助力商品持续上升的销售趋势。

要关注的核心指标如下。

（1）下单转化率的稳定性。如果转化率下降，则要查找原因。

（2）曝光量趋势和浏览量趋势。

（3）差评率的变化。出现差评要尽快处理，减少对未来客户购买决策的潜在负面影响。

（4）库存数据。确保能够持续供应商品。

（5）监控市场。看是否有竞品跟进，从而调整相应的策略。

3．爆品高峰期

当商品达到其生命周期的高峰并销量稳定时，工作的重点是确保其市场地位，并试图延长其在这个阶段的停留时间。

要关注的核心指标如下。

（1）浏览量的持续趋势。浏览量显著下降，可能是买家对该商品的兴趣在减退，也可能是有竞争对手以更低的价格或更吸引人的卖点在争夺市场份额。

（2）转化率的变动。转化率下降可能意味着有竞争对手加入，或者商品存在其他潜在问题。

（3）差评率。出现低分差评会导致转化率下降。

4．商品衰退期

随着商品销量的逐渐减少，卖家的主要目标应转向如何最大化利润，准备开展适当的清仓活动，以减少潜在损失。

要关注的核心指标如下。

（1）销量的下滑速度。对于那些受季节或节日影响的商品，卖家应在销量骤降之前及时调整策略。

（2）折扣率的合理性。鉴于市场上的其他卖家可能进行大量打折活动，卖家要根据自身实际成本合理确定折扣率。

（3）售罄率。高售罄率表明卖家的供应链管理得当，而库存积压可能导致损失。

8.3.2　速卖通平台单品数据分析方法

1．单品分析指标

曝光量：指搜索曝光量，即商品在搜索或类目浏览下的曝光次数。

浏览量：指该商品被访客浏览的次数。

搜索点击率：商品在搜索或类目曝光后被点击的比率，即浏览量除以曝光量。

访客数：访问该商品的访客总数。

成交订单数：指该商品在选定时间范围内支付成功的订单数。

成交买家数：指选定时间范围内成功购买该商品的买家数。

成交金额：指该商品在选定时间范围内产生的交易额。

询盘次数：指访客通过该商品点击旺旺与站内信的次数。

成交转化率：指成功购买该商品的买家数占访客总数的比值，即成交买家数除以访客数。

平均停留时长：指访客浏览该商品所有详情页面的平均停留时间。

添加购物车次数：指该商品被访客添加到购物车的次数。

添加收藏次数：指该商品被访客收藏的次数。

No-Pay 比率：指该商品在选定时间范围内未成功支付的订单数与创建成功的订单数的比值。

2．商品分析要点

商品分析指根据各项指标，找出店铺内商品的缺陷并提出解决方案。表 8-1 是商品分析的整个过程。

表 8-1　商品分析的整个过程

关键指标	因　素	解决方案
曝光量	（搜索、类目）排名	优化标题，优化结构化描述（属性）
搜索点击率	主图	优化主图
成交转化率	价格	优化供应链
平均停留时长	商品详情页	丰富商品详情页，主要优化图片

自有店铺商品分析主要有两个方面：爆款分析和长尾分析。爆款分析是以打造爆款为目的的全方位细致分析商品的方法；长尾分析是运用 Excel 分析除爆款外的所有商品的方法。

3．潜力爆款分析案例

打造爆款是卖家的必修课，卖家需要不断优化影响销售的各项基本因素来吸引消费者购买商品。打造爆款至少需要提升商品的价格优势、拍摄优质清晰的商品图片、优化标题描述。

4．爆款效果数据分析

图 8-21 所示的某款军装多袋裤的曝光量远远高于行业平均值，但与行业 TOP10 的曝光量还有差距。这款商品的搜索点击率为 3.36%，在此类目中超过行业平均值和行业 TOP10 的点击率，还算不错，但是成交转化率只有 1.27%，低于行业 TOP10 的成交转化率和行业平均值。从这些数据分析来看：针对这款商品，优化供应链、把商品价格降低或牺牲利润率可以提高转化率。

图 8-21　某款军装多袋裤的数据分析

从图 8-22 所示的商品成交分析页面中可以看到，此商品的 No-Pay 比率达到 31.76%，从侧面反映出访客对此商品有购买欲望，但对商品价格的接受度不高。

图 8-22　商品成交分析页面

从图 8-23 所示的访客行为分析页面可以看出，此商品的访客平均停留时长与行业 TOP10 商品的访客平均停留时长基本一致，说明商品详情页的描述还不错，图片基本符合要求；还可以看到添加购物车次数和添加收藏次数与行业 TOP10 的商品添加购物车次数和添加收藏次数有差距，这是访客数的落差造成的。当此商品的访客数不断提高后，这两项指标就能达标。

图 8-23　访客行为分析页面

5．爆款流量来源分析

对于潜在爆款来说，更多的曝光、更多的浏览量是最大的需求，此时需要分析单品流量来源，增加各渠道流量。图 8-24 为某款军装多袋裤在最近 30 天的流量来源：类目浏览占 35.16%、站内其他占 30.69%、站内搜索占 13.64%、直接访问占 9.85%、收藏夹占 4.18%、购物车占 3.08%、活动占 2.19%、站外总计占 1.20%。

图 8-24　某款军装多袋裤在最近 30 天的流量来源

这里唯独缺少了付费流量 P4P 直通车，这是运营的一个失误，卖家需要去调整。当爆款流量不足时，直通车流量占比应该达到 30% 左右才能给店铺带来新客户。站内搜索提供了很好的关键词来源 TOP10，可以把这些关键词加入直通车列表，这样也可以弥补此商品搜索流量来源不足的缺陷。

参加活动也是打造爆款的有力手段，但要因商品而异、因时间而异。商品在初期参加一次俄罗斯团购是很好的选择，能一次性增加上百个订单，让客户产生足够的信任，也能博得一个相对不错的搜索排名。但在商品成长阶段，不要盲目参加团购，商品会有很长的锁定期和很低的上线概率，会缩短商品优化的时间，甚至引起各项指标的降低。

6．是否要分析流量的去向

事实上，各种来源的流量去向基本成固定比例，即自然流量跳出率相对较低，去往购物车、其他页面、收藏夹、下单页的比例较高。通过前文爆款流量来源分析可知，"站内其他"流量来源是很值得去关注的，俄罗斯、巴西两大分站的流量都隐藏在这里。如果"站内其他"板块中未出现"+"按钮，则可选择时间为最近 1 天。如图 8-25 所示，来自俄罗斯的搜索带来 21 次点击，来自俄罗斯的类目搜索带来 16 次点击，说明该商品的俄语标题需要优化。

图 8-25　流量的去向分析

　　一个爆款如果不是为特定国家人群开发的，那么单品的访客国家来源与店铺的访客国家来源理应一致。如图 8-26 所示，此单品的巴西客户来源过低，只有 6.46%，与店铺中的其他访客来源数据相差很多，这不正常，也许是此单品有重要葡语关键词未填写，葡语标题描述需要仔细修改。

图 8-26　单品访客来源分析

7．商品长尾分析

长尾是相对于爆款而言的，一家店铺中除引流商品、爆款商品外，都可以称为长尾商品。长尾商品可以通过批量导出所有商品数据进行分析，各个关键指标不能参照行业 TOP10 的关键指标，因为没有可比性，需要选取长尾商品的 TOP10 平均值作为参照指标。如图 8-27 所示，这里对 10 件商品做了问题点评并提出操作建议。

序号	售价	搜索曝光量/次	浏览量/次	访客数/人	订单数/笔	成交金额	点击率	转化率	存在问题	操作建议
1	$11.47-$11.79	53,478	3,235	2,458	133	$1,850.26	4.60%	5.41%	流量偏少	优化标题属性
2	$9.03-$9.93	69,228	2,786	2,221	130	$1,231.21	3.21%	5.85%	点击率偏低	优化图片
3	$8.71-$8.71	56,952	3,656	2,910	108	$1,005.43	5.11%	3.71%	流量偏少，转化率差	优化标题属性，打折促销
4	$7.44-$7.44	29,214	1,955	1,494	99	$915.80	5.11%	6.63%	曝光不够	潜力商品，参加平台活动
5	$7.76-$8.43	104,980	3,229	2,583	81	$660.40	2.46%	3.14%	点击率偏低，转化率差	优化图片
6	$10.41-$11.39	90,445	3,838	3,246	70	$657.50	3.59%	2.16%	点击率偏低，转化率差	优化图片
7	$7.59-$8.27	29,197	1,712	1,442	69	$630.41	4.94%	4.79%	曝光不够	优化标题属性
8	$12.93-$12.93	131,533	3,040	2,399	68	$850.51	1.82%	2.83%	点击率偏低，转化率差	更换图片
9	$9.89-$10.8	57,539	2,006	1,670	68	$933.97	2.90%	4.07%	点击率偏低	优化图片
10	$14.76-$17.51	97,945	4,672	3,607	67	$1,147.36	3.68%	1.86%	转化率差	打折促销
	平均值	72,051	3,013	2,403	N/A	N/A	3.74%	4.04%	N/A	N/A

图 8-27　商品的问题点评和操作建议

8.4　平台销售数据分析思路

要想深入探索平台上的销售数据，很重要的一点是了解商品从被客户发现到最终购买的整个过程。在跨境电商平台上，这个过程可以大致分为三个关键环节：曝光、点击和转化，如图 8-28 所示。

图 8-28　商品从被客户发现到最终购买的整个过程

第一步，商品主图被潜在买家看到的过程称为曝光。第二步，潜在买家对商品主图感兴趣并点击查看详细信息的行为称为点击。第三步，潜在买家决定购买商品并完成支付的过程称为转化。

当卖家在电商平台上推出新品时，平台的智能算法会将此商品展示给一小群限定的受众，以收集初步的客户反馈和互动数据。根据这些数据，平台决定该商品后续的曝光策略。这个过程主要体现为以下三种可能性。

- 良好的点击率和转化率。

若该商品在初步曝光后获得了高的点击率和转化率，则说明该商品较受欢迎。平台会进一步增加其曝光，为其导入更多的流量，进而可能带来更多的订单量。此为良性循环。

- 不佳的点击率和转化率。

若该商品的互动数据表现不佳，则平台可能会判断此商品缺乏吸引力或不符合客户需求，因此会减少对它的曝光，从而减少其流量。

- 初始好评后的负面反馈。

有时，商品刚上架时可能收获不错的点击率和转化率，但随着更多客户购买并反馈，可能出现大量的负面评价，后续的客户可能会因此受到影响，导致购买意愿降低。在这种情况下，平台也会逐渐减少对该商品的曝光。

理解了平台的导流逻辑，再来分析商品在平台上销售不佳的原因，从曝光、点击、转化三个环节进行观察，查看是哪个环节的数据表现不佳，导致商品最终没有得到流量和成交。

8.5　独立站销售数据分析思路

与第三方电商平台相比，独立站更多地依赖卖家自主的营销策略来吸引和转化流量。比如，搜索引擎营销引流、社交媒体营销引流、私域流量营销引流等。

对独立站进行销售数据分析，我们通常将其分为引流与转化两个环节，如图 8-29 所示。

图 8-29　独立站销售数据分析分为引流和转化

在为独立站做引流时，通常通过某款具体的商品投放广告。比如，某款针对年轻女性的蓝牙耳机，在投放广告时会强调耳机的外观设计和优惠的价格，从而进行引流。如果引流效果不佳，则应该思考的方向是引流渠道是否合适、商品设计是否符合目标消费群体的需求。

访客进入商品详情页，但下单转化效果不佳，应该思考的方向是商品的价格是否太高；商品的卖点是否不够突出；购买流程、支付环节、客服支持等是否便捷。

8.6　第三方数据工具

1. Google Trends

Google Trends 是一款由 Google 公司开发的热门数据分析工具，可以显示全球搜索流量、趋势和热度。产品定位是为企业和个人提供多元化、实时的搜索热点，以及帮助客户更好地规划 SEO 和 SEM 战略。

2. Google Ads & Commerce Blog

Google Ads & Commerce Blog 是一款强大的产品工具，可以帮助企业提升网站在谷歌搜索引擎中的排名，从而获得更多的流量和客户。

3. Google Analytics

Google Analytics 是一款由 Google 公司提供的，可以具体看到客户行为轨迹的网站分析软件。人们在 Google Analytics 中经常使用的报告有流量获取、互动度、创收、客户等。

4. keepa

Amazon Price Tracker 是一款亚马逊历史价格追踪插件，也称作 keepa 插件，可以生成价格历史图表并添加到 Google Chrome，能看到商品价格的变化。

5. camelcamelcamel

这是一个价格追踪插件网站，也是亚马逊 FBA 卖家标配，是可以追踪所有商品历史价格的网站。使用它可以进行具体的 ASIN 研究，查看价格变化等信息，从而为卖家研究商品提供参考。

6. FBA Calculator

这是亚马逊自带的计算器工具，也是国内外卖家最常用的工具，可以更快、更简单地计算 FBA 费用。

7. Terapek

通过这个工具，可以看到 eBay 和亚马逊上成千上万种最热门的商品和品类，帮助卖家了解最热门的商品及商品定价。

8. SellerCenter

这是一款针对跨境卖家设计的综合性工具，主要的工具特性包括商品管理、订单管理、库存管理、物流管理、财务管理、数据报告和营销工具等。

9．Wordtracker

这是一款关键词研究工具，可以帮助客户找到网站所需的搜索量、竞争度和相关性等信息，以达到提升网站流量、优化客户体验、提高销量等目的。

10．Jungle Scout

这是一款面向亚马逊卖家的数据分析和商品研究工具，旨在帮助亚马逊卖家找到潜在的热门商品，并优化销售策略，提高商品竞争力。

第 9 章

跨境收款与支付

学习目标：

- 掌握主流收款工具的使用方法
- 了解海外买家的主要支付方式
- 掌握速卖通国际支付的使用方法

9.1　主流收款工具

1. 速卖通国际支付宝

卖家在速卖通平台使用的收款工具为支付宝。支付宝作为跨境支付工具，在支付过程中发挥"担保交易"的功能。买家下单支付时将钱汇入支付宝，钱在支付宝被监管，买家确认收货后卖家才能收到这笔钱。全球速卖通会在交易完成后对卖家收取订单交易额 5%~8%的交易手续费，买家不需要支付手续费。

2. PayPal

PayPal 是美国 eBay 公司旗下全球最大的在线支付公司，PayPal 在 190 个国家和地区支持 23 种货币。目前，在跨国交易中，超过 90%的卖家和超过 85% 的买家认可并正在使用 PayPal 电子支付业务。PayPal 是为跨国买卖支付和接收付款最方便、最安全的方法。

PayPal 适用范围：零售行业，小额交易使用 PayPal 更合适。

用中国国籍注册 PayPal，收取的款项有 4 种方式可以提现：

- 电汇到内地账户（手续费至少 35 美元）；
- 提现到中国香港账户（免费）；
- 提现到美国账户（手续费 35 美元）；
- 通过支票（手续费 5 美元）。

3. Payoneer

Payoneer 成立于美国纽约，是万事达卡组织授权的具有发卡资格的机构。卖家在注册 Payoneer 后，会自动获得 Payoneer 在当地国（美国、英国、德国、日本、澳大利亚等）开设的银行账户，这些账户可以用来接收来自当地电商平台的销售款项，卖家可以将收到的美元、英镑、欧元、日元、加元、澳元、墨西哥元自动兑换成人民币并转入自己在国内的银行账户。在开通 Payoneer 后，可以申请实体卡（称为 P 卡），用实体卡可以在全球实体店刷卡消费，也可以在适用万事达卡的自动取款机上取现。

Payoneer 类似国内商家版的支付宝。卖家在注册亚马逊卖家账户之前，需要注册收款账户。对于卖家来说，收款账户起到从亚马逊平台放款到卖家提款至国内银行卡的中转作用。与此类似的第三方收款工具还有 WorldFirst、PingPong、iPayLinks 等。

除亚马逊平台外，Wish、Lazada、Shopee、Cdiscount、Linio、Airbnb、Newegg 等平台都支持 Payoneer。

Payoneer 和 PayPal 都可以用于跨境电商平台的收款，但它们也有一些区别：Payoneer 只收取来自合作平台的资金，不接收个人转账，中国卖家也不能往里面充值；PayPal 则更开放，不仅支持平台的资金转入，也接收个人转账、收款、付款。因此，自建网站的收款需要使用 PayPal。

Payoneer 适合单笔额度比较小，但是客户群分布比较广的跨境电商卖家使用。

4．WorldFirst

WorldFirst（WF）成立于 2004 年，是一家注册于英国的国际汇款公司，中文名称为万里汇，专注于为企业和个人卖家提供国际支付服务。2010 年 WF 进入中国，提供国际电商平台收款及结汇服务，为中国电商卖家提供美元、欧元、英镑、日元、加元和澳元收款，并结汇到中国的银行账户。2019 年，WF 成为蚂蚁金服集团全资子公司。

WF 支持亚马逊、eBay、Walmart.com、日本乐天、Lazada、Opensky、Newegg、Cdiscount、PriceMinister 等全球 71 个网上交易平台，同时支持欧洲 VAT 的支付。

WorldFirst 提供 VAT 付税服务，账户里的余额可直接用于向英国税务机构支付 VAT 税款，提升资金的利用效率，降低付税成本，每笔收取 1%的手续费。

5．PingPong

PingPong 成立于 2015 年，总部位于中国杭州，是一家中国人创立的全球收款公司，为中国跨境电商卖家提供低成本的海外收款服务，支持亚马逊、Newegg、Wish、Shopee、Cdiscount、Yandex Market、Joom、eMAG、FactoryMarket 等多家跨境电商平台。

6．亚马逊官方收款

早期在亚马逊平台销售商品的中国卖家只能通过开设的国外银行账户或香港银行账户收款，没有国外银行账户或香港银行账户的卖家必须通过第三方支付平台收款，收款的资金流程是亚马逊平台→第三方支付平台→国内银行账户。2018 年亚马逊推出了亚马逊官方收款服务，中国卖家不需要再开设国外银行账户或第三方支付平台账户，即可通过国内银行账户进行收款。

对于中国卖家来说，使用亚马逊官方收款服务的好处是，新手卖家无须开设海外账户或第三方支付平台账户即可收款；一站式管理，卖家可以统一管理亚马逊不同国家站点的收付款业务；官方收款，更安全稳定。不足之处是目前手续费偏高，并且相较于第三方支付平台提供的 VAT 代缴、提前放款、代理出口退税等综合服务，亚马逊官方收款的服务目前还比较单一。

9.2　买家支付方式

不同国家和地区的买家习惯使用的支付方式有很大不同，跨境电商平台要针对自己的目标市场情况，为消费者提供主流的支付方式。

亚马逊部分国家站点支持的支付方式如下。

美国亚马逊：Visa、MasterCard、Discover、JCB、Diner's Club、American Express、Gift Card、Amazon Store Card 和 Checking Account 共 9 种。

英国亚马逊：Visa、MasterCard、Maestro、American Express、Delta、Solo 和 Gift Card

共 7 种。

德国亚马逊：Visa、MasterCard、American Express、Gift Card 和 Debit Account 共 5 种。

西班牙亚马逊：Visa、MasterCard、Maestro、Telebanco、American Express、Euro6000 和 Gift Card 共 7 种。

日本亚马逊：Visa、MasterCard、JCB、Diner's Club、American Express 和 Gift Card 共 6 种。

注：

Amazon Store Card 是亚马逊发行的信用卡。

Gift Card 指购物卡，也叫礼品卡。

Checking Account 指支票。

Maestro 在欧洲是比较受欢迎的支付方式之一，英国、意大利和西班牙三国均支持。

Delta 和 Solo 是英国常见的清算机构。

Telebanco 和 Euro6000 是西班牙三大银行卡支付网络清算机构。

JCB 是源于日本的结算组织，全名为日本信用卡株式会社（Japan Credit Bureau, JCB）。

Diner's Club 指大来卡（也称"大来信用卡"），是信用卡的鼻祖。

国际支付宝支持多种支付方式：Visa、MasterCard、Maestro、QIWI、Yandex.Money、WebMoney、Boleto、Mercadopago、DOKU、Western Union 和 T/T 银行汇款等。

1. 信用卡/借记卡支付

买家可以使用 Visa、MasterCard 和 Maestro 对订单进行支付，交易完成后，国际支付宝会将订单款项按照买家付款当天的汇率换算成美元或人民币转给卖家。

2. Western Union、T/T 银行汇款支付

这是国际贸易的主流支付方式，方便大额交易，交易完成后，平台会直接将美元支付给卖家。这种方式会产生汇款的转账手续费，在银行提现也会产生一定的提现手续费。

3. Boleto 支付

除信用卡外，巴西的在线支付方式还有 Boleto。Boleto 是由多家巴西银行共同支持的一种使用 Bar Code 识别码的支付方式，客户可以到任何一家银行、ATM、指定超市或彩票网点完成支付。

Boleto 的支付额度是 1~3000 美元。目前，国际支付宝通过第三方 Ebanx 提供 Boleto 支付。Boleto 的退款由 Ebanx 负责，速卖通跟对方的协议中要求 Ebanx 必须退款到买家端。

买家完成 Boleto 支付后一般 5 个工作日左右到账，到账后订单状态会变为"等待卖家发货"，没有订单审核的情况；如果超过 5 个工作日未到账，需联系买家确认是否已付款，如果已付款，请买家提供付款凭证，并联系支付宝客服查看。

4．QIWI 支付

QIWI 是俄罗斯买家主要的支付方式，速卖通网站上的 QIWI 是 QIWI 金融集团旗下的电子钱包系统，其服务类似于支付宝，依托 QIWI 银行。

在买家付款时，付款页面会有此支付方式的提示，买家根据情况选择合适的付款方式，卖家无须进行任何设置。

使用 QIWI 钱包支付，通过资金审核（一般 24 小时内）即可到账。

5．WebMoney 支付

WebMoney（WM）是 WebMoney Transfer Techology 公司开发的一种在线电子商务支付系统，可以在包括中国在内的全球 70 个国家使用，是俄罗斯三大主流支付机构之一。

在速卖通网站，WebMoney 支付方式的消费额度是 0.01~5000 美元。WebMoney 的支付限额会根据会员类型有不同的限制。

买家使用 WebMoney 支付后发生退款，退款被 WebMoney 受理后，会立即退还到买家账户。

买家通过 WebMoney 支付的是美元，也可以在 WebMoney 账户里兑换成卢布。

6．Yandex.Money 支付

Yandex.Money 是俄罗斯领先的支付电子钱包，在俄罗斯的品牌认知度高达 85%。目前，它支持钱包支付和现金支付。钱包支付指客户可以注册钱包账户，通过账户余额或账户绑定的银行卡进行支付。现金支付指客户通过网上下单，留下手机号码，Yandex.Money 会生成一个付款码，并发送至其手机。客户可以凭借此付款码至最近的 Yandex.Money 终端机或 Sberbank 的 ATM 使用现金支付，或者登录 Sberbank 的网上银行，输入付款码进行支付。

7．Mercadopago 支付

Mercadopago 是拉丁美洲最大的支付平台，覆盖巴西、墨西哥、阿根廷、智利、哥伦比亚和委内瑞拉，向超过 9000 万注册客户提供本地化支付服务。但在速卖通，目前仅支持墨西哥的客户。国际支付宝通过 Mercadopago 提供本地信用卡、借记卡、网银或线下存款、OXXO 支付方式。OXXO 是在墨西哥非常常见的便利店，类似于"7-ELEVEn"，这是一种线下支付方式，客户选择这种支付方式后，需打印付款单到 OXXO 门店支付。OXXO 支付方式必须打印付款单才能支付。

使用此支付方式，支付宝不向客户收费。对于 OXXO，客户在其门店支付时，OXXO 会向客户收取费用，该费用退款时不退回。

买家使用 Mercadopago 支付，可以在支付的时候兑换为墨西哥比索，支付额度根据不同支付方式会有所不同，总体来说额度为 5~65000 比索。

8. DOKU 支付

DOKU 是印度尼西亚在线支付公司，包括钱包、网银、ATM 和便利店支付，目前仅支持印度尼西亚。DOKU 总体支付额度是 1~2000 美元。

9.3 速卖通收款账户设置

9.3.1 收款账户的类型

支付宝国际账户目前支持买家用人民币、美元、英镑、欧元、墨西哥比索、卢布支付（后续还会不断增加新的币种），卖家收款则有美元和人民币两种方式。

买家用支付宝国际账户支持的币种进行支付，会按买家付款清算日当天该货币兑美元汇率换算成美元入账，交易完成后国际支付宝将美元转入卖家的美元收款账户（提醒：只有设置了美元收款账户，才能直接收取美元）。买家用人民币进行支付，交易完成后支付宝将收到的人民币直接转入卖家的人民币账户。

9.3.2 注册和激活支付宝账户

可以使用邮箱或手机号码来注册支付宝账户。进入支付宝网站，单击"新客户注册"按钮就可以按提示注册了。

支付宝账户分为个人账户和企业账户两种类型，可根据自己的需要选择账户类型。

企业支付宝账户一定要有公司银行账户与之匹配。在使用邮箱注册时，第一步是输入注册信息，第二步是进入邮箱查收邮件并激活支付宝账户。

在输入注册信息时，需按照页面中的要求如实填写，单击"填写全部"按钮可以补全信息。进入邮箱查收并激活邮件，激活成功后，补全支付宝账户基本信息就可以进行付款、充值等操作了。

个人支付宝账户和企业支付宝账户的认证流程如下。

1. 个人支付宝账户认证流程

打开支付宝网站，登录支付宝账户，单击"账户设置"→"基本信息"→"实名认证"→"立即认证"按钮即可，如图 9-1 所示。

图 9-1　个人支付宝账户认证流程

仔细阅读支付宝实名认证服务协议后，按照提示申请开通。

2．企业支付宝账户认证流程

登录支付宝网站，找到认证入口，输入认证信息，确认后进入填写信息页面，正确输入公司名称、营业执照注册号和校验码。

输入的公司名称必须与营业执照上的公司名称完全一致，输入后即进入具体信息提交页面，如申请人不是公司法定代表人，则需要下载委托书。组织机构代码、企业经营范围、企业注册资金、营业执照有效期等非必填项可以选择填写。

确定提交的信息准确无误后，单击"下一步"按钮，进入审核页面，审核次数为两次。审核成功后，等待客服人员对营业执照信息进行审核。

卖家信息审核成功后，平台将在 1～3 个工作日内给卖家的银行卡打款，卖家需确认支付宝给自己账户付款的金额，单击"继续"按钮，输入收到的金额，完成此次认证。

9.3.3　支付宝国际账户简介

1．申请支付宝国际账户

登录速卖通平台，单击"交易"按钮，在左侧菜单中，选择"支付宝国际账户"选项。如果尚未开通过支付宝国际账户，则在第一次进入的时候，会弹出图 9-2 所示的页面，仔细阅读服务条款，根据提示签署使用协议，设置支付宝密码用于资金提取等，在确认相关信息后，即可成功开通支付宝国际账户。

绑定支付宝国内账户后，就可以通过支付宝账户收取人民币了。支付宝国际会按照买家支付当天的汇率将美元转换成人民币支付到卖家的支付宝国内账户或银行账户中。还可以通过设置美元收款账户的方式来直接收取美元。

图 9-2　激活使用协议页面

2．创建、绑定和修改支付宝国际收款账户的流程

创建支付宝国际收款账户（可以通过创建或登录支付宝的方式进行绑定）的具体操作流程如下。

（1）登录全球速卖通网站，单击"交易"按钮，在左侧菜单中，选择"支付宝国际账户"选项，如图 9-3 所示。

（2）进入支付宝国际账户管理页面，可以通过"提现账户管理"功能管理人民币提现账户，如图 9-4 所示。

图 9-3　选择"支付宝国际账户"选项

图 9-4　支付宝国际账户管理页面

支付宝账户登录界面如图 9-5 所示，依次输入支付宝账户名称、登录密码，然后单击"登录"按钮。登录成功后，即可完成收款账户的绑定，也可以对收款账户进行编辑。

在输入注册信息时，应按照页面中的要求如实填写，否则会导致客户的支付宝账户无法正常使用。单击"填写全部"按钮可以补全信息。建议使用实名认证的支付宝账户作为收款账户，以避免非实名认证账户提现额度的限制影响提取资金。

图 9-5　支付宝账户登录界面

3. 支付宝国际常见问题

（1）什么是支付宝国际?

支付宝国际由阿里巴巴集团与蚂蚁金融服务集团开发,是保护国际在线交易中买卖双方的交易安全所设的一种服务。如果客户已经拥有支付宝国内账户,则绑定支付宝国内账户即可,无须再申请支付宝国际账户。

（2）使用支付宝国际的优势。

- 多种支付方式:目前,支付宝国际支持的支付方式有信用卡、借记卡、QIWI、Yandex.Money、WebMoney、Boleto、TEF、Mercadopago、DOKU、Western Union 和 T/T 银行汇款。更多符合买家当地的支付方式还在不断地接洽中。
- 安全保障:全面保障卖家的交易安全。
- 支付宝国际不只是一种支付工具,还是一种第三方支付服务。对于买家而言,它的风控体系可以保护其在交易中免受信用卡盗卡的风险,也可以避免在交易中使用其他支付方式导致的交易欺诈。
- 方便快捷:线上支付,直接到账,足不出户即可完成交易。使用支付宝国际收款无须预存任何款项,速卖通会员只需绑定支付宝国内账户和美元银行账户就可以分别进行人民币和美元的收款。
- 品牌优势:背靠阿里巴巴和支付宝两大品牌,海外潜力巨大。

（3）支付宝国际与支付宝国内（Alipay）的区别。

支付宝国际的第三方支付服务是蚂蚁金融服务集团支付宝国际站提供的,是专为跨境出口交易定制的交易收款服务。

（4）支付宝国际支持哪些商品的交易？

只要商品满足以下条件即可通过支付宝国际进行交易：

- 商品可以通过速卖通平台支持的物流方式进行发货；
- 每笔订单金额小于 10000 美元（商品总价加运费的总额）。

（5）支付宝国际支持哪些物流方式？

目前，支付宝国际支持速卖通的物流方式有 UPS、DHL、FedEx、TNT、EMS、顺丰、中国邮政、中国香港邮政航空包裹服务及其他全球速卖通日后指定的其他物流方式，暂时不支持海运。

（6）支付宝国际单笔订单的最大额度是多少？

为降低支付宝客户在交易过程中产生的交易风险，目前支付宝支持单笔订单金额在 10000 美元（商品总价加运费的总额）以下的交易。

（7）通过支付宝国际在线交易如何报关？

如果货物申报价值在 600 美元以下，那么快递公司会集中报关。如果货物申报价值超过 600 美元，那么卖家可以提供全套的报关单据，委托快递公司代报关。

（8）通过支付宝国际在线交易如何核销退税？

当买家使用 Visa 和 MasterCard 信用卡支付时，无法核销退税。当买家使用 T/T 银行汇款支付时，卖家报关后可以进行核销退税。

（9）支付宝国际卖家保护指南。

为了保护全球速卖通平台买卖双方的合法权益，让卖家能够更加放心和顺利地在速卖通平台完成交易，避免不必要的纠纷，支付宝国际有"支付宝卖家保护指南"，当买家投诉货物没有收到或收到的货物与描述不符时，了解"支付宝卖家保护指南"可以协助和保护卖家在最短的时间里解决纠纷。

9.3.4 创建美元收款账户

1．新增账户

若是中国供应商会员，则需要登录 My Alibaba，选择"交易"→"银行账户管理"选项，进入"收款账户管理"页面，再选择"创建美元收款账户"选项。

速卖通会员可以登录"我的速卖通"，选择"交易"→"资金账户管理"选项，进入支付宝国际账户管理页面，在"提现账户管理"功能中，进行美元账户提现银行账号设置，如图 9-6 所示。

图 9-6　设置美元账户提现银行账号

进入"新建美元账户"页面之后，可以选择"公司账户""个人账户"两种账户类型进行设置。

2．公司账户

在内地开设的公司必须有进出口权才能接收美元并结汇。使用公司账户收款的订单，必须办理正式报关手续，才能顺利结汇。

3．个人账户

创建的个人账户必须能接收海外银行（新加坡花旗银行）对个人的美元汇款。汇款没有限制，但结汇需符合《中华人民共和国外汇管理条例》，每人 5 万美元结汇限额。选择个人账户后，依次输入开户名（中文）、开户名（英文）、开户行、银行国际代码、银行账号等必填项。输入完毕后，单击"保存"按钮即可。

4．美元账户常见问题解答

（1）哪些银行卡可以接收美元？我没有能接收美元的外币账户，怎么办？普通银行卡可以接收外币吗？

国内的银行都有外币业务，需要本人带上有效身份证去银行开通个人外币收款功能。如果银行卡本身就是双币卡（人民币和美元），则可以直接接收美元。

（2）我创建的美元收款账户有误，想修改，可以吗？

不可以修改。可以删除后重新创建一个新的美元收款账户。

（3）是否必须是内地的美元收款账户，中国香港的美元收款账户可以吗？

可以。

（4）我只设置了美元收款账户，没有设置人民币收款账户，能否做交易？

不可以。

（5）我有一个中国银行的私人账户，既可以接收人民币，也可以接收美元，我已经绑定了支付宝人民币提现账户，可以再绑定个人账户下的美元收款账户吗？

请向发卡银行确认，询问是否能接收国外的美元汇款，因为速卖通是从新加坡花旗银行汇款进客户的账户的。

（6）我设置了美元个人收款账户，收款超过 5 万美元的限制怎么办？

有两种解决方案：如果一次提现已经超过 5 万美元，则可以分年结汇；还可以在金额未超过 5 万美元时提现一次，下次提现时更改个人收款账户，分开提现。

（7）我设置了美元收款账户，提现需要缴纳手续费吗？

美元提现手续费按提取次数计算，每笔提现手续费固定为 15 美元，已包含所有中转银行手续费。建议卖家减少提款次数，当可提资金累积到一定金额时再进行提现操作。

9.3.5　查询银行的银行国际代码

银行国际代码（ISO 9362）也叫作 SWIFT-BIC、BIC 代码、SWIFT ID ，由计算机自动判读的 11 位英文字母或阿拉伯数字组成，用于在 SWIFT 电文中明确区分金融交易里相关的不同金融机构，用于快速处理银行间的电报往来。

银行国际代码的 11 位数字或字母可以拆分为银行代码、国家代码、地区代码和分行代码 4 部分。以中国银行上海分行为例，其银行国际代码为 BKCHCNBJ300，其中 BKCH 为银行代码、CN 为国家代码、BJ 为地区代码、300 为分行代码。

- 银行代码：由 4 位英文字母组成，每家银行只有一个银行代码，由其自己决定，通常是该行的名字或缩写，适用于其所有的分支机构。
- 国家代码：由两位英文字母组成，用以区分所在的国家和地理区域。
- 地区代码：由 0、1 以外的两位数字或两位字母组成，用以区分所在国家的地理位置，如时区、省、州、城市等。
- 分行代码：由 3 位字母或数字组成，用来区分一个国家里某个分行、组织或部门。如果银行的银行国际代码只有 8 位而无分行代码，则分行代码初始值为"×××"。

要了解银行的银行国际代码，一般可拨打银行客服电话询问，或者登录 SWIFT 国际网站查询页面查询。

以中国银行上海分行为例，登录 SWIFT 国际网站查询页面，如图 9-7 所示。根据提示输入要查询的银行信息，在"BIC or Institution name "文本框中输入中国银行的统一代码"BKCHCNBJ"，在"City"文本框中输入要查询的银行所在城市的拼音"Shanghai"，在"Country"下拉列表框中选择"CHINA"，在"Challenge"文本框中输入显示的验证码，完整输入要查询的银行信息后，单击"Search"按钮即可。

图 9-7　SWIFT 国际网站查询页面

9.3.6　卖家提现

提现采用余额提现方式，分为美元提现与人民币提现。美元提现将提款到客户的美元银行账户中，人民币提现将提款到客户的支付宝国内账户中。

客户可以先进入支付宝国际，到"我要提现"功能下的"提现银行账户设置"中确认是否已经设置了美元和人民币提现银行账户，如果没有设置，则设置完成才能提现。

卖家提现的操作步骤如下。

（1）查看"我的账户"信息，可以看到可提现的人民币金额和美元金额、已冻结的人民币金额和美元金额，以及人民币账户总金额和美元账户总金额。

（2）单击人民币账户或美元账户后对应的"我要提现"按钮。

（3）打开美元账户提现页面（如图 9-8 所示）或人民币账户提现页面（如图 9-9 所示），输入要提现的金额，单击"下一步"按钮，打开提现信息确认页面，如图 9-10 所示。

图 9-8　美元账户提现页面

图 9-9　人民币账户提现页面

图 9-10　提现信息确认页面

（4）确认提现信息后，输入支付密码，单击"确定"按钮后，系统会进行手机验证。

（5）输入正确的手机验证码后确认提交，即可提现成功（注：手机验证码的有效时间是 30 分钟）。

注意：美元提现金额至少为 16 美元，人民币提现金额至少为 0.01 元；人民币提现无手续费，美元提现每次收取 15 美元的手续费。

第 10 章

亚马逊平台介绍

学习目标：

- 了解亚马逊平台商品分类

- 掌握亚马逊平台的运营原理和工具

- 了解 FBA 的特点和使用方法

- 掌握黄金购物车的特点

- 了解亚马逊平台提供的营销方式

10.1　亚马逊平台组织结构

亚马逊（Amazon）平台上销售的商品分为自营商品和第三方卖家商品两类，买家在购买时会看到以下三种类型的商品。

- shipped from and sold by amazon.com：这类商品是亚马逊自营商品。
- sold by×××and fullfilled by amazon：这类商品不是亚马逊自营商品，但是由亚马逊的物流配送。
- shipped from and sold by×××：这类商品既不是亚马逊自营商品，也不由亚马逊的物流配送。

第三方卖家的商品在亚马逊平台上会显示为第二种类型和第三种类型，第二种类型使用亚马逊的 FBA 仓储和配送服务，使用 FBA 仓储可以提升买家体验，也有利于卖家在平台上获得更多流量；第三种类型由卖家确定物流商进行配送，可能通过跨境小包的方式邮寄给买家，通常需要买家等待更长的物流寄送时间。

10.1.1　亚马逊自营

亚马逊在 2009 年推出了自营品牌（Amazon Basics），至今已经有 70 多个不同名称的自营品牌。初期的自营商品主要是充电线、电池等易耗品，主打低价、优质的销售策略，现在亚马逊自营商品种类已经覆盖电子产品、家居用品、男女服饰、时尚用品、珠宝首饰、保健品、母婴用品等多种类目。

不得不说，亚马逊自营商品在平台上拥有绝对的竞争优势，仅数据线一款商品的日均成交量就有上千单。作为亚马逊平台的第三方卖家，在选品时要尽量避开和亚马逊自营商品相同的商品，尤其自营商品中的热销款。

10.1.2　亚马逊全球开店

为了丰富商品种类，亚马逊招募第三方卖家在平台上销售商品，这就是亚马逊的全球开店，即让中国卖家的商品在全球亚马逊站点销售。目前，亚马逊全球开店可以对接海外 13 个亚马逊站点，共有 3 亿个活跃付费客户，包括美国、英国、加拿大、墨西哥、法国、德国、澳大利亚、日本、意大利、西班牙、印度、阿拉伯联合酋长国和沙特阿拉伯。卖家只要加入亚马逊全球开店计划，在亚马逊平台上上传商品，就可以面向以上这些国家的买家进行销售。

10.1.3　亚马逊平台特点

相比其他跨境电商平台，亚马逊平台有三大特点。

- 强调商品，弱化店铺。平台的运营定位是纳入第三方卖家的商品，使平台上的商品更丰富，同时确保亚马逊平台统一的品牌形象。所以，平台没有给卖家的店铺提供过多自定义的选项，卖家上传的商品也必须符合亚马逊平台统一的形象要求。
- 高门槛，严要求。平台会对申请入驻的卖家的企业资质进行严格审查，经过亚马逊筛选通过的卖家才可以入驻；平台对卖家的运营和销售过程也有严格要求，所有卖家必须遵守亚马逊平台对买家的服务承诺，一旦卖家无法达到要求，就会被严厉处罚，甚至永久封号。
- 去个性化，看重价格、配送、售后服务。亚马逊平台不希望卖家上传的商品有太鲜明的特点，引导卖家把精力放在提升商品竞争力和售后服务能力上。

10.2 卖家运营要点

在亚马逊平台上销售商品之前，需要了解亚马逊平台上的一些运营功能和概念。

10.2.1 详情页（Listing）

Listing 在亚马逊平台上指一款商品的详情页。卖家创建的详情页归亚马逊所有，当其他卖家销售相同商品时，可以公用此页面。

1. 详情页跟卖政策

A 卖家创建了一个商品详情页，其他卖同款商品的卖家看见详情页后可以单击"Sell yours on Amazon"链接，在此商品页面上增加一个按钮用来链接到自己的商品。如图 10-1 所示，页面右下角的"Other Sellers on Amazon"区域即跟卖的卖家。跟卖的前提是必须是完全相同的商品，包括商品本身、包装、品牌、赠品、功能、数量等。

图 10-1　详情页跟卖

实施跟卖政策可以促使卖家提供质优价廉的商品，方便消费者快速买到所需商品。如果卖家不希望被跟卖，就必须创建自己的品牌，让自己的商品具有不可替代性。跟卖政策也是为了鼓励卖家打造自己的品牌。

2．详情页跟卖的优势

- 不用自己制作商品详情页，几秒钟就搞定。
- 商品出价会立即出现在排名靠前的详情页中。
- 跟卖大流量的详情页不仅可以迅速提升跟卖商品销量，还可以增加店铺其他商品的销量。

3．跟卖的风险

- 容易被详情页所有者投诉侵权，一旦投诉成功，跟卖卖家就会被封账号。
- 同质化竞争直接引发价格战，导致低利润。

4．跟卖的建议

首先，确定自己的商品描述和跟卖商品的详情页描述完全一致，包括商品本身、包装、卖点、功能等，否则买家收到货后发现任何与描述不一致的地方，都可以向亚马逊平台投诉。所跟卖的卖家也有可能对你的商品进行测试购买（Test Buy），如果发现商品和描述不一致，也可以向亚马逊平台投诉。

其次，跟卖时尽可能设置较低的价格，价格越低，获得加入购物车的可能性越高。抢夺购物车的权重依次为 FBA>价格≥信誉度。

最后，选择跟卖销量比较多的详情页，如果一款商品销量多又没有人跟卖，则极有可能是有品牌保护的，这个时候千万不要冒着侵权的风险去跟卖。了解商品是否是注册品牌，可以在网上搜索或去商标网站查看。如果被投诉侵权，就要立刻取消跟卖，并且积极和对方沟通是否真正发生了侵权行为。

5．如何防止被跟卖

自己辛苦打造的详情页当然不想被别人跟卖，防止被别人跟卖的前提是做好品牌备案，如果可以证明这款商品确实是属于你的，平台就会移除跟卖卖家，并且跟卖的卖家还会受到处罚。卖家做好品牌备案的步骤如下。

（1）注册自己的品牌（建议注册美国商标和当地国商标）。

（2）有了注册商标或商标授权书，还需要到亚马逊平台进行品牌备案。品牌备案需要准备网站、有网站后缀的电子邮箱、两张带有品牌的商品图片，在线提交资料后就可以在 48 小时内完成备案。

（3）品牌备案通过后亚马逊平台会生成一个全球专属的 GCID 编码。为自有品牌的商品创建的详情页编辑权不会让渡给其他等级高的卖家。

做好品牌备案后一旦发现跟卖，可以先发送警告邮件，向对方表明你的商品详情和品牌备案等信息，要求对方停止跟卖。在警告邮件无效的情况下，可以进行测试购买，收到商品后将任何与你的商品不同的地方或质量问题向亚马逊平台进行举报，平台会警告跟卖卖家，甚至关闭其账号。

10.2.2 ASIN

ASIN（Amazon Standard Identification Number）是亚马逊平台的商品编号，相当于一个独特的商品 ID，在亚马逊平台具有唯一性，由亚马逊系统自动生成。一般情况下，卖家刊登商品时系统就会生成一个 ASIN，即使修改详情页，ASIN 码也不会被修改，但是当多个卖家的详情页是同一款商品且描述相似时，详情页可能会被合并，ASIN 也会改变。

在平台前端和卖家后端都可以使用 ASIN 查询商品，在前端的商品详情页里，ASIN 位于"Product Details"或"Product Information"一栏，如图 10-2 所示。

Package Dimensions: 7.2 x 3.2 x 1.4 inches
Shipping Weight: 9.1 ounces (View shipping rates and policies)
ASIN: B06Y3L2SYX
Item model number: 4331819061
Batteries: 1 CR123A batteries required. (included)
Date first listed on Amazon: April 6, 2017
Amazon Best Sellers Rank: #54,460 in Clothing, Shoes & Jewelry (See Top 100 in Clothing, Shoes & Jewelry)
 #326 in Men's Wrist Watches
 #15126 in Men's Shops
Average Customer Review: ★★★★☆ ∨ 553 customer reviews

图 10-2 商品的 ASIN

10.2.3 UPC

UPC（Universal Product Code）是美国统一代码委员会制定的一种商品用条码，主要用于美国和加拿大地区。UPC 是最早大规模应用的条码，其应用范围广泛，故又被称为万用条码，应用于国际贸易。UPC 由 12 位数字组成，每个条码都不一样，包含商品类别、制造商、属性、特性等信息。

10.2.4 EAN

EAN（European Article Number）是在 UPC 的基础上确立的商品标识符号。EAN 是国际物品编码协会（GS1）制定的一种商用条码，全球通用，分配给中国物品编码中心的前缀区间为 690-696，由中国物品编码中心统一分配企业代码，商品代码则由制造商根据规则自己编制。

10.2.5　GCID

GCID（Global Catalog Identifier）即全球目录编码，卖家在亚马逊平台上进行品牌备案后，亚马逊平台就会自动为卖家分配一个 GCID。在亚马逊平台上上传商品信息时，卖家必须提供 UPC 或 EAN，但如果卖家品牌备案成功后有了 GCID，则无须提供 UPC 或 EAN。

10.2.6　A+页面

亚马逊商品详情页有普通版和增强版两种形式，A+页面就属于增强版。目前，A+页面仅面向供应商中心受邀的品牌卖家。符合要求的卖家可以用不同的模板创建页面，如图表、视频、格式化文本等。亚马逊平台在 Basic A+页面中提供 5 个标准模板，而 Premium A+页面还额外支持 7 个模板和其他高阶功能。在设置中，卖家可以根据品牌定位自行选择不同的模板（Basic、Silver、Gold、Platinum 皆有不同的费用）。图 10-3 分别是 A+页面和非 A+页面显示效果。亚马逊官方称，使用 A+页面可以有效增加 3%~10%的销量。

图 10-3　A+页面和非 A+页面显示效果

10.2.7　A9 算法

A9 算法是亚马逊搜索引擎的名称，可以通过亚马逊官方说明来了解 A9 算法。

在官方说明中，我们看到 A9 算法在客户开始搜索之前，就已经对平台上的每件商品过去的数据、流量和属性特征进行了分析，一旦客户输入第一个字母，A9 算法就会推荐最佳匹配的商品。

一旦确定哪些商品与客户输入的字母是最佳匹配的，A9 算法就会对它们进行评分，把最适合的商品呈现给客户。

从 A9 算法的官方说明中我们可以得知，A9 搜索引擎的目的是找到最符合客户需求的商品，不断提高客户的购买转化率，执行最大化买家收益（最大化买家收益可以理解为最大化每个客户向亚马逊贡献的价值）。

卖家在整个交易流程各环节的运营情况都会影响 A9 算法的结果，影响因素包括商品和买家搜索关键词的相关性，商品过往的转化率、满意度、复购率、详情页上的价格、销量、商品评论、图片质量、Q&A 等，卖家账号过去的订单处理速度、完美订单率（POP）、订单缺陷率（ODR）、退货率，商品目前的库存状态和包装选项等。

10.2.8　商品评论（Review）

亚马逊的商品评论在 A9 算法中占很大的权重。在亚马逊平台上，无论是否购买过该商品，都可以对该商品进行评论。没购买过该商品的客户的商品评论权重极低。购买过该商品且被认证的买家的商品评论权重很高，这种商品评论的旁边会标记 Verified Purchase（VP），VP 评论被排在所有评论前面。权重最高的商品评论是亚马逊平台组织 Vine Voice 评论员留下的评论，这类评论的旁边都有绿色标签。站在消费者的角度来看，Vine Voice 评论员留下的商品评论可信度更高，也更有说服力，在转化的效果上也更优于其他商品评论的转化效果。

评论内容可以是文字、图片、视频。当其他买家认为某条评论对自己有帮助时，可以单击"Helpful"按钮，在该评论下方会显示"×× people found this is helpful"。

10.2.9　黄金购物车（Buy Box）

亚马逊的黄金购物车的位置在商品页面的右上角（如图 10-4 所示），是买家浏览页面时最容易看见的黄金位置，只要买家单击"Add to Cart"按钮，页面就会自动跳转到拥有这个黄金购物车的卖家店铺；页面右下角的"Other Sellers on Amazon"区域（如图 10-4 所示）是平台上其他销售此款商品的卖家，如果买家单击这个区域中的"Add to Cart"按钮，则会从这些卖家店铺下订单，然而，很少有买家从这里将商品加入购物车。

亚马逊平台在每个商品页面中，都会选择一位卖家占据这个黄金购物车的位置，所以，占据黄金购物车的位置意味着将拥有大量的订单。黄金购物车的位置不是给固定卖家的，亚马逊平台希望把黄金购物车的位置给优秀的卖家，既能提高优秀卖家店铺的整体竞争力，又能提升买家的良好购物体验。亚马逊平台使用 cookies 控制每位买家在每个小时只能看到一个获得黄金购物车的卖家。一般来说，评级高的卖家获得黄金购物车的概率更高，获取黄金购物车和当天的竞争情况、卖家库存和时间等都有关系。

图 10-4　黄金购物车的位置和 "Other Sellers on Amazon" 区域

10.2.10　亚马逊销售排名（Best Seller Rank）

Best Seller Rank 即亚马逊销售排名，数字越小，表示商品销量越多，亚马逊平台将这个排名数值作为搜索算法中的一个因素。图 10-5 所示的某款女裙在 Women's Novelty Dresses 类目下排名第 10，在 Women's Dresses 类目下排名第 195，在 Women's Shops 类目下排名第 1565，这三个类目从上至下是被包含的关系。

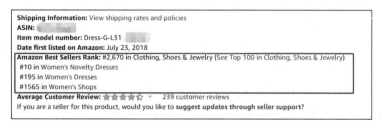

图 10-5　某款女裙的亚马逊销售排名

影响亚马逊销售排名的因素如下。

- 排名是基于销售的，不是基于评价或评级的。马逊销售排名仅和销量有关，这个销量包括最近的、历史的及未来预估的，与买家留下的商品评论和评级无关。
- 商品销量对销售排名的影响不会立竿见影。亚马逊销售排名是按小时计算的，但是有时也会在增加销量和改善排名之间有延迟。
- 销量的增加并不完全意味着排名的提升。排名并不是销量增加了就一定会提升，而是商量要比相同类目中其他商品的销量高才会提升。即使你的商品每天有稳定的销量，但是你的竞争对手的销量比你还多，那么你的排名还是会下降。

- 预测功能也被置入算法。亚马逊销售排名中的预测功能基于商品的历史数据来预测商品未来的销量，所以商品近期的销量并不是唯一的考虑因素。亚马逊可以预测新商品的销量是否会在一定时间内赶上旧商品的销量，当排名靠前时，亚马逊的复杂算法就开始计算了，这时想再进一步地突破排名就会很难，高评级商品因为有历史数据支持，所以在销售间歇，它们的排名不会像新商品那样因缺少数据而导致排名急剧地下降。

- 保持持续的销量增长才能提升排名。在亚马逊平台上，很多卖家无法保证自己商品的销量可以一直稳定持续地增长。他们往往利用一些促销活动，使销量在短时间内增加，但是促销活动结束后，商品的销量就会大幅度减少，从而导致商品的排名直线下降。所以，一款商品推出一段时间后，亚马逊平台就可以收集连续的历史数据来预测该商品未来的销量。

10.2.11　Amazon Business

Amazon Business 即 B2B 贸易业务。2015 年 4 月，亚马逊在美国推出了 Amazon Business，是针对企业买家及机构买家的一站式商业采购站点。2016 年 12 月，Amazon Business 中国团队成立，正式开始招募中国优质卖家。

加入 Amazon Business 需要具备国际资质专业检测公司审核颁发的有效 ISO9001 质量标准认证。亚马逊会对卖家的企业资质、生产能力、团队能力和研发能力进行择优筛选，通过筛选的卖家即可成为 Amazon Business 卖家。

10.3　亚马逊全球物流（FBA）

FBA（Fulfillment By Amazon）是亚马逊平台提供的代发货服务，卖家把货物发往 FBA 仓库，亚马逊提供仓储、拣货、打包、配送、收款、客服、退货处理等一系列服务。亚马逊平台非常看重卖家的物流配送和售后服务的质量，为了达到平台的物流标准，对于大部分卖家来说，都建议使用 FBA，尤其是针对欧洲市场的卖家，国内寄往欧洲的商品物流时间长、费用高，如果卖家不能保证买家在 7~10 天里收到包裹，那么就会严重影响卖家店铺的综合评分。所以，选择 FBA 是比较明智的做法。

10.3.1　FBA 的优缺点

1. FBA 的优点

- 亚马逊为 Prime 买家会员提供 2 日送达服务和满足条件即可免运费服务，使用 FBA 的商品都可以在亚马逊的 2 日达和免运费服务范围内，买家会更倾向于对这些商品下单。

- 使用欧洲 FBA，可以给欧盟任何国家的订单进行出口和配送。
- 使用 FBA 的商品会得到更多的曝光，增加抢占黄金购物车的机会。
- 亚马逊平台的大部分促销活动要求必须是 FBA 商品才可以参与。
- 卖家不用担心因为物流而引起的差评。
- 由 FBA 提供 7×24 小时客户服务，解决买家提出的问题。
- 丰富的仓储和物流经验、先进的智能管理系统，能够让买家体验更好的物流服务。

2．FBA 的缺点

- 卖家使用 FBA 提高买家收货体验的同时，需要支付更高的配送和仓储成本，尤其是仓储费用。如果商品滞销，卖家就需要支付较高的长期仓储费。
- FBA 不负责清关和货物从中国到 FBA 仓库的运输，卖家需要自己解决头程运输的问题。
- 买家退货很简单，容易导致退货率上升。

10.3.2　FBA 的费用

亚马逊 FBA 费用包括仓储费和配送费，仓储费以每月每立方英尺按比例收取，配送费则根据尺寸和重量每件商品收取固定费用。

卖家需要支付的仓储费分为月度库存仓储费和长期库存仓储费。月度库存仓储费是卖家的货物到了亚马逊物流中心的仓库就开始依照尺寸按月收取的费用。长期库存仓储费是除月度库存仓储费外，针对仓储时间超过 365 天的滞销品收取的费用。为了避免产生长期库存仓储费，卖家应定期监测库存状况报告，针对即将超期的库存提交移除订单，或者开展促销活动及时清仓。移除库存的商品由亚马逊退还卖家或由亚马逊弃置。

10.3.3　使用 FBA 的操作

1．将商品设置为 FBA 发货

进入卖家后台，单击"INVENTORY"→"Manage Inventory"命令，如图 10-6 所示。进入库存管理界面，选择要通过 FBA 发货的商品，如图 10-7 所示。

图 10-6　单击"INVENTORY"→"Manage Inventory"命令

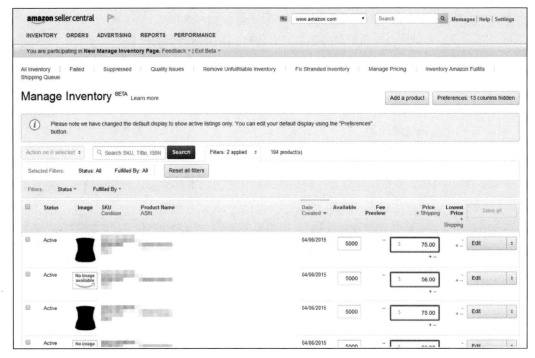

图 10-7　选择要通过 FBA 发货的商品

在已选好商品的"Action"下拉菜单中选择"Change to Fulfilled by Amazon"选项，如图 10-8 所示。

图 10-8　在"Action"下拉菜单中选择"Change to Fulfilled by Amazon"选项

单击"Yes,continue"按钮或"No, return to full list"按钮，如图 10-9 所示。

图 10-9　单击"Yes,continue"按钮或"No, return to full list"按钮

2. 发货到 FBA

选好要发货的 FBA 商品后，单击"Convert Only"（只转换）按钮确认转换 FBA 发货，如图 10-10 所示。

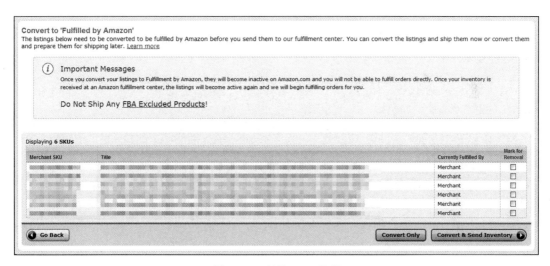

图 10-10　转换 FBA 发货

在打开的页面中，默认选项是"Create a new shipping plan"，发货地址会自动生成。如需改写，可单击"Ship from another address"按钮。选择"Individual products"或"Case-packed products"单选按钮选择打包方式，之后单击"Continue to shipping plan"按钮，如图 10-11 所示。

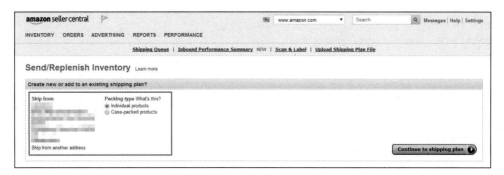

图 10-11　确定发货地址并选择打包方式

在打开的页面中设置"Set Quantity"选项卡，输入发货商品的数量和尺寸，如图 10-12 所示。完成后单击"Continue"按钮。

图 10-12　输入发货商品的数量和尺寸

在打开的页面中选择"Seller"或"Amazon"选项打印标签，再选择标签打印方式。这里选择"Amazon"选项，在弹出的对话框中选择"I agree to the Terms of Service"单选按钮，如图 10-13 所示，然后单击"Save"按钮，返回页面后单击"Approve shipment"按钮同意发货。

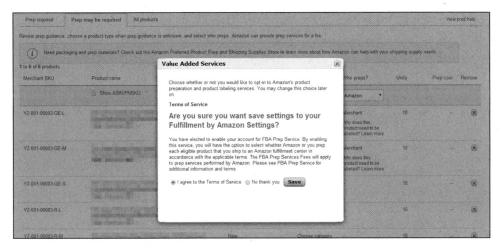

图 10-13　选择"I agree to the Terms of Service"单选按钮

选择"Label Products"选项卡，在"Apply to all"下拉列表框中选择商品类目，再单击"Continue"按钮，如图 10-14 所示。

图 10-14　选择商品类目

选择"Review Shipments"选项卡，单击"Approve shipment"按钮，如图 10-15 所示。

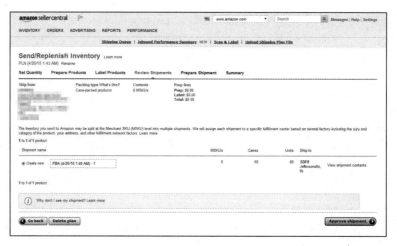

图 10-15　单击"Approve shipment"按钮

选择"Prepare Shipment"选项卡，输入发货信息并单击"Complete shipment"按钮，如图 10-16 所示。

图 10-16　输入发货信息并单击"Complete shipment"按钮

选择"Summary"选项卡，单击"Work on another shipment"按钮进行发货，如图 10-17 所示。打印标签后将标签贴在包裹外面。

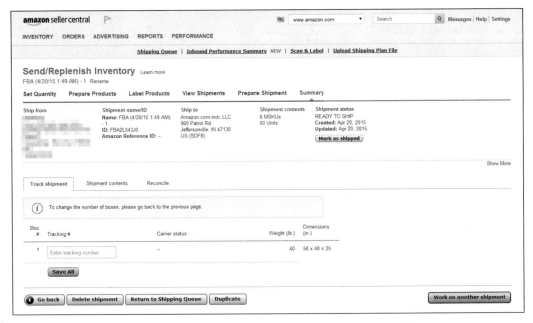

图 10-17　单击"Work on another shipment"按钮进行发货

10.4　运营管理

10.4.1　刊登商品

进入卖家后台，单击"INVENTORY"→"Add a Product"命令，在打开的页面中单击"Create a new product"按钮，如图 10-18 所示。在打开的页面列表中选择商品品类，之后单击"Select"按钮确认品类，如图 10-19 所示。

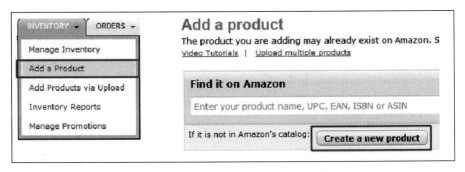

图 10-18　单击"Create a new product"按钮

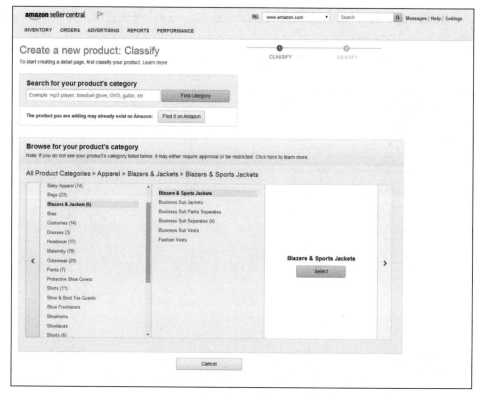

图 10-19　选择商品品类并确认

如果不确定商品属于什么品类，可以使用品类搜索功能确定正确的品类。在搜索框中输入关键词，找到适合你的商品的品类，如图 10-20 所示。

图 10-20　搜索商品的品类

按照提示输入所有的商品信息，带星号的为必填项，建议不带星号的项也尽可能填写。商品的基本信息要尽量输入完整，如 SKU、标题、描述、品牌、生产厂商、功能、图片、价格、关键字、UPC 等，如图 10-21 所示。首次创建商品的过程中图片不会马上上传，要等商品信息都输入完毕，单击"Save and finish"按钮的时候图片才会上传。

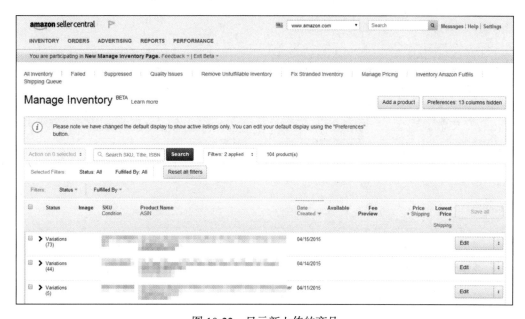

图 10-21　输入商品信息

上传成功后，在 Manage Inventory 页面会显示新上传的商品，如图 10-22 所示。

图 10-22　显示新上传的商品

要批量上传商品信息，可进入卖家后台，单击"INVENTORY"→"Add Products via Upload"命令，打开批量上传商品页面，如图 10-23 所示。

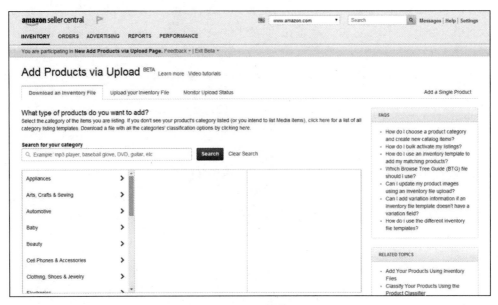

图 10-23　批量上传商品页面

确认自己的账号有想销售的商品类目的权限，如果没有，则需要单独申请，一般工作日 48 小时内会得到回复。如果已经具备对应类目的销售权限，则可以下载对应类目的模板，如图 10-24 所示。

图 10-24　各个类目的模板

　　下载的模板中有几个子模板："Instructions""Images""Data Definitions""Template""Example""Valid Values"。将"Template"模板单独复制到新建的 Excel 中，表格中每个选项的具体要求在"Data Definitions"中都有说明，其中一些"值"只能在"Valid Values"中选择。图片处理好之后，先保存到图片空间，然后把以".jpg"结尾的图片地址粘贴到对应的商品页面中。

　　"Template"模板中的内容输入完成后，保存为"文本文件（制表符分隔）"的形式。

　　将编辑完成的文件批量上传到亚马逊后台，如图 10-25 所示。

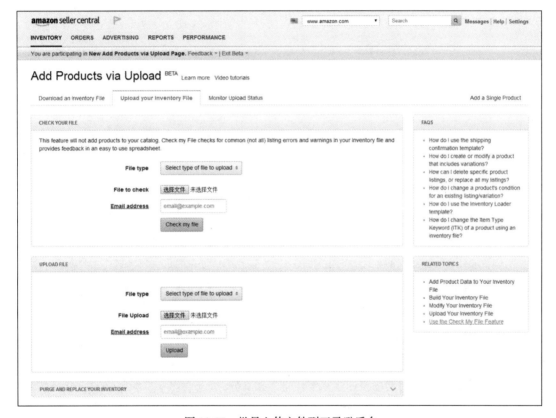

图 10-25　批量上传文件到亚马逊后台

　　检查上传后的状态，如图 10-26 所示。

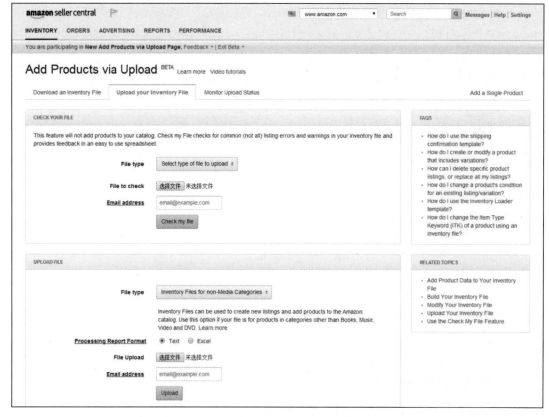

图 10-26 检查上传后的状态

10.4.2 卖家店铺评分

卖家店铺评分（Selling Rating）的计算方法：最近 365 天内所有订单的得失分数总和除以最近 365 天内的所有订单数。订单的得失分数的算法如下：

- 发货延迟和 24 小时之内没回复买家信息，扣 0 分；
- 确认发货前擅自取消客户订单，扣 100 分；
- 卖家原因引发的 A-to-Z 索赔，扣 500 分；
- 1~2 星的负面反馈，扣 500 分；
- 买家的开卡行发起的服务退单索赔，扣 500 分；
- 有过期订单（一般为超过发货期 30 天还没发货的订单），扣 500 分；
- 如果一个订单从始至终都没有任何问题，那么这个订单就是完美订单（Perfect Order），加 100 分；
- 订单没有任何问题且有有效的跟踪信息，并且在 3 个工作日内成功投递，符合最快承诺到达时间且没有任何退款和与买家的沟通让步，这样的订单就会被奖励 10 分（这种订单多见于 FBA 订单）。

10.4.3　运营优化策略

1．控制 ODR

亚马逊平台的 ODR 全称为 Order Defect Rate，即订单缺陷率。ODR 是反映卖家能否提供良好的买家购物体验的非常重要的一个指标，ODR 应控制在 1%以内。

2．提高转化率

转化率高的商品会得到更多曝光的机会，可以从以下几点着手提高转化率。

- 优化详情页，学习销量高的商品页面是如何设置图片、标题、描述、价格的。
- 引导买家做出有价值的好评，所谓有价值的好评应该是对其他潜在买家有帮助的好评。
- 适当免运费或进行节假日促销打折。
- 抢占黄金购物车位置。

3．提高售后服务质量

卖家可以选择亚马逊平台提供的 FBA 物流服务，或者自己负责物流。如果是自己负责物流，则需要保证发货时间和妥投时间在亚马逊平台要求的时间范围内。选择 FBA 物流服务的商品会得到平台更多的流量倾斜。

4．注册商标并备案

保护好自建的详情页有助于防止竞争对手跟卖，避免价格战，也可以避免自建详情页编辑权转移给其他销量更好的卖家。

10.5　优化详情页

10.5.1　详情页内容

详情页内容包括商品标题、商品图片、商品描述、Q&A、买家评论、商品标签。下面就从这几个方面来优化。图 10-27 是优秀的详情页示例。

图 10-27　优秀的详情页示例

1. 商品标题

商品标题既要迎合系统算法，又要符合买家的阅读习惯。标题的结构应该简单，重要的关键词放在前面，毕竟人们的浏览习惯是从左至右的。编辑标题时要注意以下几点。

- 每个单词的首字母要大写（特殊情况除外，如连词 and、or、for，冠词 the、a、an，少于 5 个字母的介词 in、on、over、with）。
- 能使用数字就使用数字，而不使用单词（如尽量使用 2 而不是 Two）；不要包含 "!" "*" "$" "?" 这类符号；把一些单位写出来而不使用符号代替（如表达英寸时使用 inches 而不使用符号 """）；不使用中文输入法输入内容。
- 只包含商品本身的信息，不加入营销性质和物流方式的词，如 Free Shipping、New Arrival、Sale、Best Seller、Great Deal、Hot Item 等。
- 标题长度控制在每个特定类目的规定范围内，标题中的单词避免拼写不规范或拼写错误。
- 描述清楚商品信息，通过标题就可以让买家知道卖的是什么商品，但不要堆砌关键词，尽量保持标题简洁。关键词放在商品短描述里，标题中已经出现的关键词就不要再重复出现在商品短描述里了。关键词的每个单词之间用英文的空格隔开，同一个 SKU 的 5 个搜索条目中的单词会自由组合成新的关键词。
- 参考 Amazon 给出的各类目标题建议。
- 符合 Amazon 平台算法，增加曝光量。

参考标题模式：品牌名+核心关键词+功能亮点+次要特征/适用范围+属性（尺寸/颜色/数量/规格等）。

2. 商品图片

商品图片大小均为 1000 像素×1000 像素，使用放大器看图也不会影响图片显示效果。尽量以白色作为底色，必要时也可以用其他底色，所有图片均要求简洁美观，所使用的商品主图为精修后的图片。

- 精修主图尽量是白色背景的，展示商品的正面或 30° 侧面。
- 使用 2~3 张不同角度的商品展示图。
- 有细节和功能展示图，也可以进行使用场景的展示。
- 添加视频展示，可以让详情页更有吸引力。

优秀的主图能让买家一眼就知道这款商品所有的功能，不需要再看其他细节图，如图 10-28 所示。

图 10-28　优秀的主图

3．商品描述

商品描述区域包括 Key Product Features（又称为 Bullet Point）和 Product Description 两部分，如图 10-29 所示。Key Product Features 可以理解为对商品特点的短描述，Product Description 是对商品的长描述。

图 10-29　商品描述区域

标题里放不下的关键词可以放在短描述里，编辑描述语句时要突出商品卖点，语句简短、结构简单。从买家的角度思考买家希望了解的商品价值，可以展示商品材质、用途、能解决的问题、售后保障和包装里包含哪些零部件等。由于买家在手机上浏览时只能看到前三点，因此要把重要的内容放在前三位。

优秀的商品特点短描述如图 10-30 所示，每行一个核心卖点，字母大写且放在句子开头。

> - **FIRE TRUCK TOY:** Save the day with Marshall's Ultimate Rescue Fire Truck Equipped with a 2 ft tall extendable ladder, mini fire cart, light and sounds, this fire truck is ready for action-packed missions
> - **LAUNCH WATER CANNONS:** Use the water cannon launchers on the front and back of this vehicle to put out fires Turn the yellow knob or press the button to launch the water cannons
> - **EXTEND THE 2 FT TALL LADDER:** This Fire Truck has lots of exciting features to explore Extend the 2 ft tall ladder, roll out the Mini Fire Cart, open up the lookout cab and move the working claw arm to help save the day on your next Ultimate Rescue
> - The Ultimate Rescue Fire Truck is a great gift for kids aged 3+ Requires 2 AAA batteries (included) Collect all the Ultimate Rescue vehicles and go on exciting new adventures with the PAW Patrol

图 10-30　优秀的商品特点短描述

4．Q&A（Customer questions & answers）

Q&A 是亚马逊商品问答平台（如图 10-31 所示），无论是否购买过该商品的客户都可以在这里对商品提出相关疑问，其他客户或卖家可以回答这些疑问。同时，客户还可以针对某条 Q&A 是否有帮助，单击"Yes"或"No"按钮，被单击"Yes"按钮数量多的 Q&A 会被排在前面的位置。理论上 Q&A 数量越多，对详情页的转化越有帮助。

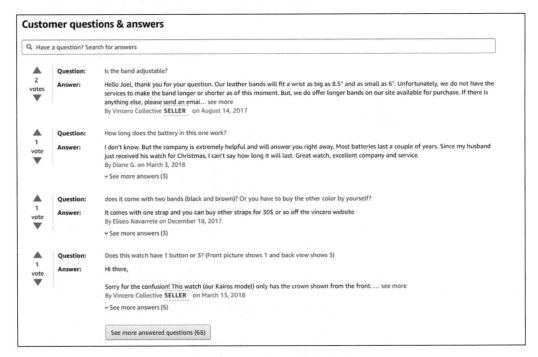

图 10-31　亚马逊商品问答平台

5．买家评论

买家评论在亚马逊的算法中占有很大比重，并且是影响潜在买家购买决策的重要因素。因此，我们应该看重买家评论，引导买家积极留下正面评论，如图 10-32 所示。让买家留下正面评论的前提条件是保证商品质量，并提供优质的客户体验。可以通过售后卡片和电子邮件鼓励买家进行评论，在评论不多的情况下每个买家评论都应该进行回复。

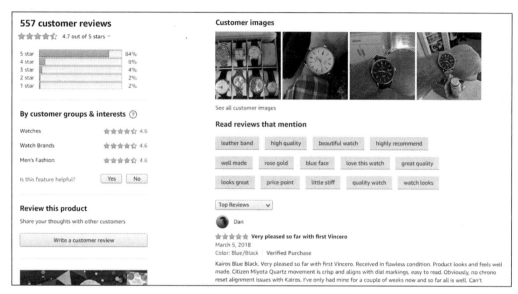

图 10-32　买家评论

6．如何获得 Amazon's Choice

部分商品会显示 Amazon's Choice 的蓝色标签，带有此标签代表该商品有很高的销量且评价很好。当把鼠标指针放到 Amazon's Choice 标签上时，会显示"Amazon's Choice recommends highly rated, well-priced products available to ship immediately."Amazon's Choice 推荐的是评分高、价格合理且可以立即发货的商品。

获得 Amazon's Choice 标签的前提是有足够多的销量、使用 FBA 发货、买家评分很高且退货率很低。

10.5.2　价格

在其他因素相同的情况下，价格是抢占黄金购物车和排序的重要因素。我们在计算亚马逊平台的商品售价时，务必考虑所有的成本，避免亏本销售。商品的固定成本包括商品的采购价、国内物流费、头程运费、平台佣金（8%~15%）、FBA 配送费。商品的可变成本包括广告费用、运营成本、货损和 FBA 的仓储费用。FBA 的仓储费用随着仓储时间的延长而增加，针对滞销商品还会收取长期仓储费。

参考定价公式：卖家自发货商品销售价格=（商品成本+国际运费）×（1+利润率）/（1−平台佣金比率）；FBA 商品销售价格=（商品成本+FBA 头程费+FBA 配送费+FBA 仓储费）×（1+

利润率）/（1-平台佣金比率）。以上利润率为毛利润率，其中还包含广告费、货损和公司运营成本等可变成本。毛利润率建议设置在 50% 左右。

10.6　抢占黄金购物车

系统计算卖家的综合评分来决定将黄金购物车分配给哪个卖家。制定平台运营规则的目的是最大化买家收益，即让买家下单付款，平台才可以从交易中获取利益（销售利润、销售佣金或会员费等各类收益）。

10.6.1　赢得黄金购物车的条件

- 注册专业的卖家账户。在创建亚马逊卖家账户时，可以选择个人卖家计划或专业卖家计划。虽然前者不需要交月租，后者月租为 39.99 美元/月，但后者拥有更多特权，包括获得黄金购物车的资格，个人卖家不能抢占黄金购物车。
- 卖家是特色卖家。特色卖家的要求是卖家需要在亚马逊上有 2~6 个月的销售记录，拥有一个比较高的卖家评级、送货评级，并且订单错误率低于 1%。
- 商品需要是全新状态。
- 商品必须有库存。如果第一位满足要求的卖家没有库存了，那么黄金购物车会自动转给第二位卖家。

10.6.2　影响黄金购物车的变量

- **配送方式**：使用 FBA 将大大增加卖家获得黄金购物车的概率。同等情况下，卖家抢占黄金购物车的顺序是亚马逊自营＞使用 FBA 的卖家＞本地发货＞跨境发货。亚马逊平台让使用 FBA 的卖家优先获得黄金购物车的原因不仅是卖家付费使用了 FBA 服务，而且亚马逊知道他们自己的物流可以按时交付货物，而由卖家自己发货，最终可能会因为各种原因导致买家退款。
- **最终价格**：包括商品价格、运费和关税。亚马逊不一定会让价格最低的卖家获得黄金购物车，但要想抢占黄金购物车，肯定不能比竞争对手的价格高很多。低价商品的价格变动对抢占黄金购物车影响更为敏感。
- **卖家评分**：卖家评分是卖家过去一年交易中的综合得分，近期的交易得分在综合评分中所占的比重更大。
- **运送时间**：亚马逊非常看重运送时间，准时送达对于抢占黄金购物车非常重要。运送时间的标准分为 0~2 天、3~7 天、8~13 天、14 天。所以，使用 FBA 会让卖家的运送时间得到保证。
- **订单缺陷率（ODR）**：由三个因素组成，即差评率、A~Z（交易保障索赔率）和退单拒付率。该分数分为两个部分：17~77 天的短期和 32~122 天的长期。过去 17 天的订单不计入分数内。无论长期还是短期，如果订单缺陷率大于 1%，则会大大降低卖家获得黄金购物车的概率。

- **买家评分**：近期的买家评分影响更大。
- **运输历史**：运输相关分数包括按时发货率、延迟发货率、追踪订单的比率。
- **卖家反馈时间**：是否能快速回复买家信息会影响获得黄金购物车的概率。
- 其他影响变量还有买家评价、库存深度、销售数量、取消和退款比率等。

10.7　营销方式

10.7.1　亚马逊付费商品推广

商品推广也被卖家称为"关键字广告"，是一种利用关键词匹配客户搜索，在亚马逊上精准定向展示商品的广告形式，按客户实际点击次数收取费用。

1. 设置付费商品推广的步骤

（1）选择想要推广的商品，并设置推广关键词。

选关键词有两种方法：Automatic Targeting（系统自动生成）和 Manual Targeting（手动设置）。对于新手来说，可以先使用系统自动生成，让系统自动选词匹配客户的搜索词。通过一段时间的投放，从投放效果报告中选出搜索量高的词和转化率高的词，再对这些词进行手动投放设置。在手动设置模式中，可以设置关键词级别的竞价，也就是可以针对效果好的关键词设置更有竞争力的价格。将广告活动设置为"始终在线"模式，不要设置结束日期，可以避免因忘记操作导致广告下线。

关键词的匹配类型有以下几种。

- **广泛匹配**：这种匹配类型可以获得最大流量。客户以任何顺序搜索你的关键词（包括与之相似的变体），你的广告都可以得到展示。
- **词组匹配**：客户搜索与关键词完全一致的词组或在搜索中以完全一致的顺序使用关键词中的字词时，你的广告就可以得到展示。这种匹配类型的限制性高于广泛匹配，但它可以为你的广告带来相关度更高的流量。
- **精准匹配**：客户的搜索词必须与你的关键词完全匹配，你的广告才会得到展示。这是限制性最高的匹配类型，可以产生相关度最高的流量。
- **否定词组和精准匹配**：如果对广告活动中的关键词应用否定匹配类型，那么你的广告就不会在客户搜索这些关键词时显示。这有助于最大程度地增加相关点击数、最大程度地减少非相关点击数。

（2）设置每日推广预算。

每日实际花费会和设置的预算有少许出入，但是每个月末的月度花费不会超过每日推广预算乘以天数的总和。每个广告最少的预算是100美元，每天最低的预算是1美元。

（3）广告被展示。

广告在搜索结果页或商品详情页醒目的位置被展示，包括搜索结果页的"搜索顶部""其他广告位"，"其他广告位"即左侧和底部的位置。

（4）买家点击广告后进入商品详情页，卖家按点击量支付广告费。

投放广告之后要查看投放效果报告，关注曝光量、点击量和转化率三个重点指标。如果曝光量低，主要原因可能是出价太低，需要提高竞价来获取更靠前的展示位置。如果曝光量高而点击量低，则可能是广告展示位置靠后，或者广告图片没有足够的吸引力，需要调整出价和优化广告图片。当点击量增加、销量却没有显著增加时，应分析商品是否符合消费者需求、商品售价是否过高，结合平台其他竞争对手的商品情况，对商品进行优化。

2. 广告推广形式

（1）商品推广。

商品推广即推广单件商品，当客户搜索关键词时，系统会推送和该关键词匹配的商品，这些商品广告会显示在搜索结果页顶部和商品详情页中。

设置商品推广的要求：

- 持有处于激活状态的专业卖家账户；
- 能够将商品运到销售国的所有地方；
- 提供属于一个或多个有效类别的商品；
- 拥有黄金购物车权限。

（2）品牌推广。

满足商品推广的要求，并且已经进行亚马逊品牌备案，就可以使用品牌推广广告。品牌推广广告会展示品牌 Logo 及三件商品，和商品推广相比更有助于提高品牌认知度。品牌推广广告展示在搜索结果页顶部，并且可以将客户引导至品牌方的商品集合页面或特定的商品详情页。

（3）亚马逊品牌旗舰店。

进行过品牌备案的卖家可以创建亚马逊品牌旗舰店，这是一种免费的自定义多页面购物体验，可以展示卖家的品牌和商品目录。可以通过品牌推广广告将客户引导至卖家的品牌旗舰店，也可以通过亚马逊平台以外的营销活动对其进行推广。

10.7.2　亚马逊平台活动

亚马逊平台全年活动日历如图 10-33 所示。其中，最重要的促销活动有针对会员日的 Prime Day、"黑色星期五"和"白色网络星期一"。此外，比较重要的促销节日有感恩节和圣诞节。"黑色星期五"是北美地区传统大促节日，更多的是线下促销。电商行业发展后兴起的"白色网络星期一"对线上的促销效果更加明显。

图 10-33　亚马逊平台全年活动日历

促销活动开始前，卖家应提前准备好促销计划，确保促销商品有充足的库存。卖家选择的促销商品应围绕促销主题，挑选相关联的商品。卖家还可以为促销商品设置秒杀活动，设置秒杀后，系统自动将该商品标记为亚马逊推销商品，并会考虑将其添加到活动登录页面。

10.7.3　秒杀

秒杀（Lighting Deals）是一种限时促销活动，参与秒杀的商品会在亚马逊平台的"Z 秒杀"页面（亚马逊上的热门页面）上特别展示几个小时。参与秒杀活动可以提高品牌曝光量，有机会让新客户认识卖家的商品；秒杀也可以用来清库存，尤其是即将需要支付长期库存仓储费的商品。秒杀商品展示如图 10-34 所示。

图 10-34　秒杀商品展示

10.7.4　抽奖

设置抽奖活动可以为品牌带来的好处有：

- 提高浏览量和销量；
- 建立商品和品牌的口碑；
- 提高流量和知名度；
- 营造社会存在感，即利用抽奖吸引参与者关注 Twitter、发布 Twitter 消息或观看 YouTube 视频，从而增加品牌曝光度并营造社会知名度。

设置抽奖活动的操作步骤如下。

在卖家后台依次单击"设置"→"亚马逊物流"→"抽奖设置"→"启用"，在"Create a Promotion"（创建一个促销活动）选项卡中找到"Giveaway"，单击它下面的"Create"（创建）按钮，如图 10-35 所示。

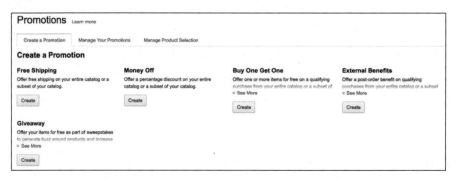

图 10-35　单击"Giveaway"下面的"Greate"按钮

在打开的页面中设置抽奖的商品，再设置抽奖类型，如图 10-36 所示。

图 10-36　设置抽奖类型

接下来设置抽奖要求，即在客户参与抽奖之前希望他们做什么，如关注 Twitter 账户、观看视频等。图 10-37 为设置抽奖要求的页面。

图 10-37　设置抽奖要求的页面

10.7.5　亚马逊联盟

亚马逊官方对联盟的介绍是，品牌所有者可以使用联盟，通过链接、小工具和横幅将客户从自己的网站、博客或社交媒体渠道引导至亚马逊平台上购买商品。如果这些客户在亚马逊平台上购买了商品，则品牌所有者可以赚取广告费，广告费按照总价的百分比进行计算。

如果你有自己的独立网站或博客之类的网站，就可以为你在亚马逊上销售的商品引流，客户从你的独立网站点击进入亚马逊平台并购买了你的商品，你就会收到亚马逊平台支付给你的佣金。如果客户从你的网站点击进入亚马逊后，没有购买你的商品，而是购买了其他品牌的商品，那么你同样可以收到佣金。

亚马逊联盟提供给推广者的收款方式有以下三种：

- Amazon Gift Card（Amazon 礼品卡），可以在美国亚马逊网站消费；
- 银行转账收款，但仅限美国银行卡；
- 通过支票接收付款，可以邮寄到全球，可以自主设置达到多少金额邮寄一次支票，最低起付金额是 100 美元。

10.8　北美站

北美站覆盖的国家站点有 Amazon.com（美国）、Amazona.ca（加拿大）和 Amazion.com.mx（墨西哥）。

10.8.1　亚马逊北美站优势

- 亚马逊在美国人最受欢迎的购物网站中排名第一，并且亚马逊在北美电商市场的份额持续增长，2017 年亚马逊美国站的销售额占美国电商销售总额的 28%。
- 截至 2017 年 6 月 30 日，亚马逊 Prime 会员数量超 1 亿人，Prime 会员占美国站客户的 50%以上，并且 75%的中产家庭会购买 Prime 会员，Prime 会员的平均花销是非会员平均花销的 2 倍，蕴含巨大的购买潜力。
- 亚马逊加拿大站是加拿大境内规模最大及销量增长速度最快的零售网站，加拿大拥有和美国相似消费习惯的消费者、相似的季节，共享相似的畅销品类，并且主要语言都为英语。
- Prime Day 会员日、"黑色星期五"、"白色网络星期一"等节日档期，非常适合快速打造爆款，提升销量。

10.8.2　北美站注册流程

1．准备资料

- 法定代表人身份证和营业执照。
- Visa/Master Card 等支持美元扣款的信用卡用于扣除月租。
- 开通海外银行账户（也可以开通中国香港账户）用于收款。
- UPC/EAN，没有 UPC 可到 UPC 官网购买。

2．注册

（1）输入姓名、邮箱地址、密码，创建新账户。

（2）输入法定公司名称，阅读并勾选卖家协议。

（3）输入联系地址、卖家名称、联系方式，进行电话/短信认证。

（4）输入用于支付的信用卡卡号、有效期、持卡人姓名、账单地址和用于收款的银行账户。

- 使用可以支付美元的双币信用卡，如 Visa 卡、Master 卡。
- 确认默认地址与信用卡账单地址相同。
- 信用卡持卡人与账户注册人无须为同一个人，公司账户也可使用个人信用卡。
- 若输入信息正确，系统就会尝试对该信用卡进行预授权以验证该信用卡尚有信用额度，持卡人可能会收到发卡行的预授权提醒。
- 在注册完成后和账户运营过程中，可随时更换信用卡信息。
- 信用卡用于账户结算，若卖家账户结余不足以抵扣相关款项，系统就会从信用卡中扣除每月月费或其他销售费用。
- 如果收到通知，被告知卖家账户中注册的信用卡信息无效，则要检查以下信息：账单地址，该地址必须与信用卡对账单中的账单地址完全相同；与开户银行核实，确认信用卡尚未过期，具有充足的信用额度，并且对被拒金额的网上扣款无任何限制。
- 在设置收款方式时，如果没有美国的银行账户，可先注册 Payoneer 卡，然后在银行所在地下拉列表框中选择美国。

（5）纳税审核。这个过程需要提交卖家的相关信息，中国卖家必须完成审核流程才可以继续注册。

（6）亚马逊会列举一些问题请注册客户回答，借此了解客户经营的商品性质和开始销售时计划的商品数量。基于这些信息，亚马逊会推荐适合客户账户的相关工具和信息。

（7）亚马逊会根据客户在上一步所选择的内容，指导客户熟悉商品上架之前的流程，包括商品编码、分类审核、品牌注册、商品上传、图片要求等信息，帮助客户顺利完成商品上架。

（8）完成注册，进入卖家后台进行管理操作。

亚马逊账户类型有专业销售计划（Professional）和个人销售计划（Individual）两种，有些平台活动要求必须是专业销售计划账户类型才能参加，因此建议选择专业销售计划账户类型。两种账户类型的区别如表 10-1 所示。

表 10-1　个人销售计划和专业销售计划两种账户类型的区别

账户类型	个人销售计划	专业销售计划
注册主体	个人/公司	个人/公司
月租金	免费	39.99 美元/月
按件收费	0.99 美元/件	免费
销售佣金	根据不同类目收取不同比例的佣金，一般为 8%~15%	
功能区别	单一上传，无数据报告	单一上传或批量上传，可下载数据报告

10.9　欧洲站

欧洲站覆盖的国家站点有 Amazon.co.uk（英国）、Amazon.de（德国）、Amazon.fr（法国）、Amazon.it（意大利）和 Amazon.es（西班牙）。卖家只需要开通 1 个账户，就可以通过 5 个站点销往 28 个国家和地区。如果卖家已经拥有北美站或日本站账户，就可以直接激活欧洲站账户，并且通过登录卖家后台管理全球业务。

亚马逊在欧洲 7 国设有运营中心，使用亚马逊欧洲 FBA 物流服务，可以从一国入仓，使用 FBA 配送至 7 国运营中心，销往欧洲各地。

在欧洲市场销售商品需要注册当地的 VAT 税号，VAT 税号在每个国家都需单独注册，只要在当地国有库存就需要注册当地的 VAT 税号。降低成本的方法是先从一个国家市场入手，例如，在英国销售商品成本最低，可以先做英国的生意，再从英国配送到其他国家，根据欧盟相关法律规定，只要发往德国的商品价值不超过 10 万欧元、发往法国的商品价值不超过 3.5 万欧元，就可以在英国申报。所以，发 FBA 之前一定要先注册当地的 VAT 税号，不要开通泛欧计划（pan-eu），因为开通泛欧计划等于默认亚马逊可以自由调配货物到 5 个国家，卖家在 5 个国家都需要注册 VAT 税号。

10.10　日本站

亚马逊日本站的优势有：

- 2017 年最受日本客户信任的电商品牌；
- PC 端的浏览量在电商网站中排名第一；
- 在 PC 端，月访问亚马逊日本站的客户约 1624 万人，月流量约 10.4 亿次；
- 在移动端，月访问亚马逊日本站的客户约 3296 万人，月流量约 10.8 亿次；
- 日本毗邻中国，拥有相较欧美站更低的物流费用及退货率；
- 亚马逊日本站的买家中 52%为中高端消费人群，年收入在 500 万日元（约合人民币 30 万元）以上；
- 亚马逊日本站的买家中 10%的年收入在 1 千万日元（约合人民币 59 万元）以上。

亚马逊日本站为专业销售计划账户的卖家提供客户服务（Customer Service By Amazon，CSBA）。亚马逊日本站代替卖家，用日语为日本客户提供与卖家自配送订单相关的客户服务，让自配送订单的买家也可以享受同亚马逊物流订单一样的客户服务体验。通过该举措，可以大量减轻卖家客户服务的负担并减少费用，卖家甚至无须担心大量自配送订单导致的客服问题的积累和回复延迟带来的绩效风险。

10.10.1　A-to-Z 条款

A-to-Z 条款用于保护买家从第三方卖家购买商品的权益。当买家从第三方卖家购买商品时，商品和物流都在 A-to-Z 条款的保护下。买家提出 A-to-Z 索赔，需要满足以下几个条件。

（1）买家已经通过自己的账号和第三方卖家沟通过。

（2）买家已等待 2 个工作日还未得到卖家回复。

（3）以下情况满足一条，买家就可以提出 A-to-Z 索赔：

- 第三方卖家超过最长送达时间 3 天或下单日 30 天后，买家尚未收到商品，不论哪种情况先达到；
- 买家收到的商品有损坏、有缺陷，或者与商品介绍有本质的区别；
- 第三方卖家同意给买家退款但并没有退款，或者退款数额有误。

注意：如果买家拒收包裹或买家退回的包裹没有追踪号，则买家的 A-to-Z 索赔不会被受理。

10.10.2　卖家如何应对 A-to-Z 索赔

当买家的 A-to-Z 索赔尚未被核准受理时，卖家可以采取全额退款的方式解决 A-to-Z 的投诉。如果卖家不同意退款，则应立刻提供卖家方的陈述资料。如果卖家的账户还不支持退款，则可以请买家联系亚马逊客服协助处理。有些情况下，即使亚马逊已核准了买家的赔偿要求，此调查也还在进行中，卖家需要继续配合亚马逊提供卖家应提供的资料，否则卖家需要承担不回应 A-to-Z 的责任。

卖家需要注意，如果 7 天内不回应 A-to-Z 的通知，亚马逊就会核准买家的赔偿要求，并且会从卖家账号里直接退款给买家。收到 A-to-Z 通知，如果明显是卖家的责任，则应该积极帮助买家解决，并退款给买家；如果是买家的责任，则要主动给亚马逊提供证据。在处理过程中卖家要及时关注提醒信息，不要错过任何信息。

第 11 章

eBay 平台介绍

学习目标：

- 认识 eBay 平台的销售方式
- 掌握售卖专家功能
- 掌握促销工具的使用方法
- 熟悉平台规则

11.1　eBay 平台特点

11.1.1　eBay 集团

　　eBay 于 1995 年在美国加利福尼亚州成立，成立之初是一个拍卖二手物品的网站，1997 年之后 eBay 逐渐发展成为全球在线商品交易平台。eBay 集团旗下有三大业务：在线交易平台 eBay、在线支付工具 PayPal、为企业提供零售渠道及数字营销便利的 eBay Enterprise。eBay 在全球共有 31 个站点，卖家只需要注册一个账号就可以在 31 个站点销售商品，但是不同站点的销售费用是单独计算的。

11.1.2　独特的销售方式

　　eBay 创立之初是一个拍卖网站，如今，eBay 在销售方式上依然延续了拍卖的模式，这是 eBay 区别于其他平台的一大特色。在 eBay 上有三种售卖方式：拍卖、一口价、综合销售。

1. 拍卖

　　以拍卖方式刊登商品是 eBay 卖家常用的销售方式，卖家在设定商品的起拍价及在线时间后，开始拍卖商品，并以下线时的最高竞拍金额卖出，出价最高的买家即为该商品的中标者。在 eBay 上以低起拍价的方式拍卖商品，仍然是调动买家积极性，使其踊跃竞拍的最好方式。而且，在搜索排序规则中，即将结束的拍卖物还会在"即将结束"（Ending Soonest）排序结果中获得较前的排名，得到更多的免费曝光机会。

　　以 eBay 美国站为例，设置以拍卖方式刊登商品的步骤如下。

　　（1）进入选择商品刊登方式页面，可以选择"More listing choices"选项，让自己有更多刊登选择，也可选择"Keep it simple"，快速完成刊登。选择商品刊登方式后，单击"Go"按钮，如图 11-1 所示。

图 11-1　选择商品的刊登方式

　　（2）在详细的商品刊登设置页面中有一个"Choose a format and price"模块，即商品价格设置模块，选择"Auction"选项卡以拍卖方式销售商品，如图11-2所示。

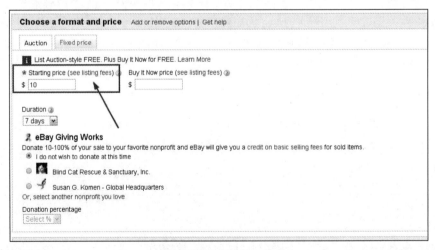

图11-2 选择"Auction"选项卡

（3）卖家可以在"Starting price"下方的文本框中输入商品的起拍价，如图11-3所示。

图11-3 输入商品的起拍价

拍卖的方式虽好，但并不是所有的商品都适合，适合拍卖方式的商品主要有以下特点：

- 有特点的商品，明显区别于市场上常见的其他商品，并且是有市场需求的；
- 库存少的商品；
- 非职业卖家，只是偶尔出售商品；
- 在无法判断商品的准确价值时，可以设置一个能接受的起拍价，由市场决定最终价格。

2．一口价

在 eBay 店铺中以一口价定价方式刊登的库存商品，可设置商品的在线时间最长达 30 天，让商品得到充分展示。

设置以一口价方式刊登商品的步骤如下。

（1）进入选择商品刊登方式页面，选择"More listing choices"选项并单击"Go"按钮，如图 11-4 所示，打开详细的商品刊登设置页面。

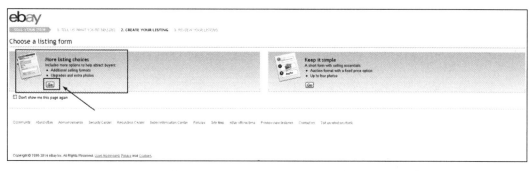

图 11-4　选择"More listing choices"选项并单击"Go"按钮

（2）在详细的商品刊登设置页面的"Choose a format and price"模块中，选择"Fixed price"选项卡，以一口价方式销售商品，如图 11-5 所示。如果卖家没有可选择的"Fixed price"选项卡，则说明尚未符合该站点以一口价方式销售商品的资格。

图 11-5　选择"Fixed price"选项卡

适合以一口价方式销售的商品主要有以下特点：

- 有大量库存；
- 有丰富的 SKU，可以整合到一次刊登中；
- 需要长时间在线销售的商品；
- 卖家希望有固定可控的利润。

一口价方式销售的特点：刊登商品后，不能将一口价商品变更为具有一口价功能的拍卖商品，反之亦然。如果一口价商品的结束时间在 12 小时后，则可编辑一口价价格。

3. 综合销售

综合销售是指使用拍卖（Auction）与一口价（Fixed price）方式进行综合销售。

卖家可在选择拍卖方式时既设置起拍价，又设置一个满意的"保底价"，也就是一口价，让买家根据自己的需求灵活选择购买方式，这种贴心的设计不仅综合了拍卖方式和一口价方式的所有优势，还能给卖家带来更多的商机。

设置以综合销售方式刊登商品的步骤如下。

（1）进入选择商品刊登方式页面，选择"More listing choices"选项并单击"Go"按钮，打开详细的商品刊登设置页面。

（2）在详细的商品刊登设置页面中有一个"Choose a format and price"模块，即商品价格设置模块，选择"Auction"选项卡以拍卖方式销售商品，如图 11-6 所示。

（3）在"Starting price"下方的文本框中输入商品拍卖方式的起拍价，在"Buy it Now price"下方的文本框中输入商品的保底价，也就是拍卖商品的一口价，如图 11-7 所示。

图 11-6　选择"Auction"选项卡

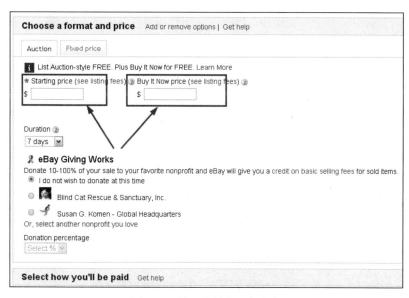

图 11-7 输入起拍价和保底价

什么情况下适合使用综合销售方式呢？

- 店铺销售很多种类的商品，希望同时吸引想要通过竞拍达成交易的买家和其他更倾向于选择方便的"一口价"交易的买家。
- 希望尽可能扩大买家对库存商品的需求，通过竞拍和一口价方式来帮助竞拍者和买家了解店铺和店铺中的其他商品。

综合刊登商品的注意事项如下。

- 刊登商品后，不能修改商品的销售形式，不过在特定情况下，可以增加、编辑或移除拍卖商品的一口价功能。
- 拍卖的商品如果结束时间在 12 小时后，并且无人出价竞拍，则可新增、编辑或移除一口价功能。

11.1.3 eBay 费用

eBay 平台收取的费用主要有以下 5 种。

- 刊登费：在发布一件商品时需要支付的固定费用，不同类目的商品，收费标准不同。
- 成交费：成交后按照成交总金额支付一定比例的费用，未成交不收取费用。
- 特色功能费：卖家可以为刊登的商品添加特色功能，特色功能费需要在发布的时候与刊登费一同支付。
- 店铺月租费：不同级别的卖家，店铺月租费的金额不同。
- PayPal 费用：使用 PayPal 工具的手续费，在 PayPal 上单独收取。

eBay 平台卖家分为非店铺卖家和店铺卖家，刊登商品数量不足 40 个的为非店铺卖家，刊登商品数量达到 40 个的为店铺卖家。

下面以 eBay 美国站为例介绍卖家收费标准。

非店铺卖家需要支付的费用包括刊登费、成交费、特色功能费（如果使用）、PayPal 费用。刊登费和成交费的计算方式如表 11-1 所示。

表 11-1　eBay美国站的非店铺卖家收费标准

刊登商品数量	刊 登 费	成 交 费
每月前 50 个刊登商品	免费	成交总额的 10%，上限 750 美元。
每月 50 个以后的刊登商品	每件 0.30 美元	用卖家收取的运费计算成交费，税不计算

特色功能费的收费情况如表 11-2 所示。

表 11-2　eBay美国站特色功能费的收费情况

升级功能	拍卖起拍价或一口价低于 150 美元		拍卖起拍价或一口价高于 150 美元	
	拍卖、一口价刊登（1 天、3 天、5 天、7 天、10 天在线）/ 美元	一口价刊登（30 天，无限期在线）/ 美元	拍卖、一口价刊登（1 天、3 天、5 天、7 天、10 天在线）/ 美元	一口价刊登（30 天，无限期在线）/ 美元
定时刊登（Scheduled Listing）	免费	—	免费	—
页面设计师（Listing Designer）	0.10	0.30	0.20	0.60
橱窗展示大图（Gallery Plus）	0.35	1.00	0.70	2.00
副标题（Subtitle）	0.50	1.50	1.00	3.00
优惠包（Value Pack）	0.65	2.00	1.30	4.00
文字加粗（Bold）	2.00	4.00	3.00	6.00
同时刊登在两个商品分类中（List in 2 categories）	刊登费和特色功能费按照不同类目标准收取；商品成交时，成交费只收取 1 次			

升级功能中还有一个多站点展示，其收费情况如表 11-3 所示。

表 11-3　多站点展示收费情况

销售方式	起价/美元	费用/美元
拍卖刊登	0.01～9.99	0.10
	10.00～49.99	0.20
	50 或更多	0.40
一口价刊登	0.50	

店铺卖家需要支付的费用包括店铺月租费、刊登费、成交费、特色功能费（如果使用）、PayPal 费用。

11.2　eBay 平台运营

11.2.1　开通 eBay 账户

开通 eBay 账户的操作步骤如下。

（1）在 eBay 首页单击"Submit"按钮，打开注册页面，如图 11-8 所示，输入姓名、邮箱和密码。

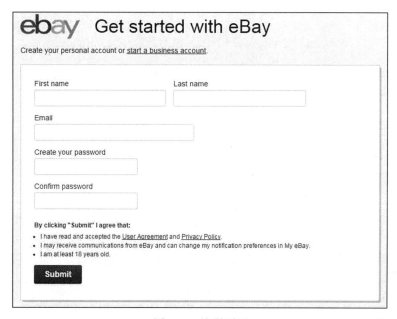

图 11-8　注册页面

建议选择大型电子邮件服务商提供的邮箱作为注册邮箱，确保可以收到来自 eBay 的邮件。单击"Submit"按钮后完成注册，此时页面如图 11-9 所示。

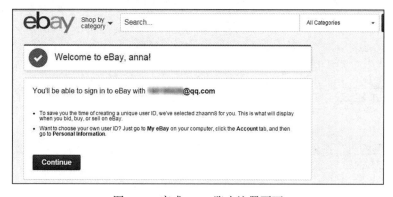

图 11-9　完成 eBay 账户注册页面

（2）在 eBay 首页找到"sell"入口，选择国家为"中国"，这时会被链接到中国香港 eBay 平台填写注册表单，如图 11-10 所示，需要输入真实地址等信息，完成后单击"继续"按钮[1]。

图 11-10　注册表单页面

（3）打开确认身份页面，选择"透过信用卡确认身份"单选按钮，如图 11-11 所示，单击 "继续"按钮。

图 11-11　选择确认身份的方式

（4）在打开的页面中输入信用卡信息，如图 11-12 所示，完成后单击"继续"按钮。

---

[1] 页面中"帐户"应该为"账户"。

图 11-12　输入信用卡信息

（5）打开信用卡合约页面，确认条款并单击"授权信用卡"按钮完成认证。

若用手机短信认证 eBay 账号，则在步骤（3）打开的确认身份页面中选择"透过中国手机短讯确认身份"单选按钮，每个手机号码仅支持一个账号认证。单击"继续"按钮，在打开的页面中输入手机号，可以选择以这个手机号作为联络号码，完成后单击"传送手机短讯给我"按钮，如图 11-13 所示。

图 11-13　使用手机短信确认身份

手机收到确认代码后在页面中输入正确的确认代码，如图 11-14 所示，单击"继续"按钮完成认证。

图 11-14　输入确认代码

11.2.2　设置运营规则

账号注册好后需要设置必要的运营规则，告知买家关于卖家、支付、物流等信息，包括以下几点：

- 登记营业执照；
- 设置卖家承诺；
- 设置买家付款时的指定方式，可以是 PayPal、信用卡或其他付款方式；
- 设置物流政策，包括指定处理时间、运送方式、运费；
- 设置退货规则。

11.2.3　刊登商品

刊登商品时对商品图片的要求如下：

- 每个刊登的商品至少需要 1 张图片；
- 图片的长边至少有 500 像素；
- 图库图片只能用于全新物品，不能用于二手物品；
- 图片不得添加边框、文本或插图；
- 可以使用水印来标明图片所有权和归属权，但不能用于营销。

下面以美国站为例说明刊登商品的步骤。

（1）输入要销售的商品，如图 11-15 所示。

（2）选择一个合适的分类，如果清单中没有合适的类目，则单击"Browse categories"选项卡并选择合适的分类，如图 11-16 所示。

（3）在商品刊登页面输入商品信息，设置属性、图片、标题、物流等，如图 11-17 所示。这部分在基础操作章节有详细讲解，这里不再赘述。

图 11-15　输入要销售的商品

图 11-16　为商品选择合适的分类

图 11-17　输入商品信息

（4）选择商品的销售方式，如果是以拍卖方式销售的，则选择"Auction"选项卡，并输入起拍价；如果是以一口价方式销售的，则选择"Fixed price"选项卡，如图11-18所示，完成商品的刊登。

图11-18　选择商品的销售方式

11.2.4　订单管理

1．查收货款

在注册 eBay 账户后需要绑定卖家的 PayPal 账户，在买家下单后，卖家可以在 PayPal 里查看收到的款项。PayPal 和支付宝都是第三方支付工具，PayPal 和支付宝的区别是，支付宝有"担保交易"的功能，即买家收货确认后卖家才能拿到钱，而在 PayPal 上是卖家收到钱后再发货。

如果卖家没有及时发货，则买家可以通过申述要求撤回付款。此外，PayPal 支持多种货币的支付，同样是跨境电商交易的理想工具。

2．取消交易

买家未付款时取消交易。如果买家拍下商品但未付款，则卖家可采取一些措施：通过 E-mail、eBay 讯息匣、电话联络等方式提醒买家付款。在商品刊登 3~30 日可以向拍下但未付款的买家发送付款提示。将该商品出售给其他出价的买家或再次刊登该商品时可退回上一次未成功交易的刊登费。卖家可在成交日后 4~32 天向平台提出未付款个案。

买家付款后取消交易。如果买家已付款，由于卖家原因需要取消交易，则会影响卖家的不良交易率；如果是买家的原因取消交易，则不会影响卖家的不良交易率。买家付款后取消交易有以下两种途径。

- 与买家沟通取消交易。买家确认收到退款后，会收到一封来自 eBay 的通知来启动取消交易的流程。

- 在 eBay 的纠纷调解中心取消交易。在纠纷调解中心发起个案，由调解中心为买卖双方跟进交易进展。

买家自行取消交易。交易成立后，在卖家上传物流跟踪号之前，买家有 1 小时的时间可以自行取消交易。买家提出取消交易后，卖家在 3 个工作日内可以做出以下选择。

- 卖家同意取消。eBay 将退还成交费；买家不能再留中差评和低分；卖家同意取消交易后，需要在 10 个工作日内退款，10 个工作日后买家可以提交个案。
- 卖家拒绝取消。交易将继续进行。
- 卖家不回应。若超过时间卖家不回应，则视为卖家拒绝，交易继续进行。

11.2.5 售卖专家

售卖专家（Selling Manager）是 eBay 为交易量较大的卖家准备的店铺管理工具，可以管理未来刊登的商品、出售中的商品、售后活动。售卖专家分为普通版售卖专家（Selling Manager）和专业版售卖专家（Selling Manager Pro）。

1. 普通版售卖专家的功能

普通版售卖专家的基本功能主要有以下几项。

- "摘要总览"页可提供售后活动和备忘录的资料，它也是售卖专家的首页。
- 使用"设定刊登的商品"页管理将在未来刊登的商品。页面上会显示已设定刊登时间但尚未开始出售的商品。
- 利用"出售中的商品"页追踪正在出售中但尚未卖出的商品。
- 利用"已卖出的商品"页管理已成功卖出的商品。
- 在"未卖出的商品"页会显示已结束刊登但未卖出的商品，可在此页重新刊登商品。
- 在"已结束的刊登"页会显示所有已结束的刊登商品，包括已卖出、未卖出或被取消的商品。
- 在"已存档的商品"页会显示在 90 日后自动存档或在"已卖出的商品"页手动存档的刊登商品。

普通版售卖专家的特色功能有以下三项。

- 追踪和管理售后活动，包括信用评价、电子邮件、付款和运送方式。
- 完成大量工作项目，包括刊登商品、重新刊登未卖出的商品、留下信用评价、发送电子邮件和打印账单。
- 下载交易记录。

2. 专业版售卖专家的功能

专业版售卖专家的基本功能主要有以下几项。

- "设定刊登的商品"页显示已设定刊登时间但尚未开始出售的商品。
- "出售中的商品"页显示正在出售中但尚未卖出的商品。
- "未卖出的商品"页显示已结束刊登但未卖出的商品。
- "已卖出的商品"页显示成功卖出的商品。
- "已结束的刊登"页显示所有已结束的刊登商品，包括已卖出、未卖出或被取消的商品。
- "已存档的商品"页显示在90日后自动存档，或者在"已卖出的商品"页手动存档的刊登商品。
- 物品总管。卖家可以追踪商品的存货数目、设定这些商品的刊登范本，以及设定自动刊登或重新刊登的规则。
- 自动化功能设定。刊登时间、与买家通信和信用评价均可自动化。

专业版售卖专家的特色功能有以下两项。

- 完整的销售管理功能，包括批量创建和定时上线商品刊登、用免费的页面魔法师（Listing designer）功能创建效果更加专业的商品刊登、自动增加或减少存货、补充库存提醒。
- 节省时间的自动化功能，包括定时上线需要自动重复或重新刊登的商品、自动更新付款、当买家付款时自动给买家信用评价、在收到付款和商品发货后自动给买家发送电子邮件（付款收讫，商品已发）。

11.2.6　促销工具

1．扩大订单（Order discount）

用于促销整个店铺、一个商品分类或一组商品。扩大订单是一种操作简单的促销方式，可为买家在购买多件商品或一笔交易消费超过一定金额时提供一些折扣，还可附赠赠品或附赠赠品加折扣（如买一送一再优惠50%），引导买家购买多件商品。

2．优惠通道（Codeless coupon）

通过优惠券吸引买家。优惠券可通过电子邮件以链接方式发送给买家，也可刊登到社交媒体网站和店铺中等。优惠信息不会出现在自然搜索中，只有单击链接的买家才会看到。

3．运费折扣（Shipping discount）

用于推广设置了运费规则的所有商品。通过设置促销运费规则（如购买两件以上商品免运费等），可推广符合条件的商品以增加销量。

4．降价活动（Sale event）

用于推广所有的打折商品，方便买家购买。可将价格优惠的商品自动显示在打折页面，同时每件打折商品在主要的购物页面上都有链接，吸引买家访问此页面，还可将买家经常一起购买的商品或补充商品进行分组促销。

5．捆绑销售（Accessory discount）

用于激励买家购买经常搭配在一起的特定商品。通过将相关的商品捆绑到一件主要商品上，可在商品刊登中促销特定的 SKU（如推荐特定相机的镜头）。只要买家购买主要商品，那么每种关联的商品即可按不同百分比的折扣购买。

11.2.7　PayPal 提现

eBay 卖家通过 PayPal 账户进行收款，有三种方式可以提现。

- 提现到内地银行卡。
- 提现到中国香港离岸账户。

以上两种电汇方便快捷，但提现费较高，收费标准如图 11-19 所示。

银行地点	币种	提现费	退还费
中国内地	各币种	35.00 USD	15.00 USD
中国香港	HKD	免费 （提现额大于或等于 1,000.00 HKD） 3.50 HKD （提现额小于 1,000.00 HKD）	20.00 HKD
美国	USD	免费	无

图 11-19　电汇的收费标准

- 向 PayPal 申请支票提现，申请支票提现的收费较低，但等待时间较长且存在寄丢的风险。

11.3　eBay 平台规则

11.3.1　卖家表现衡量标准

eBay 卖家表现的衡量标准为不良交易率（Defect Rate）。不良交易率是下列一种或多种情况的不良交易数除以卖家所有成功交易数所得的比例。

- 买家在"商品与描述相符"（Item as described）一项给予了 1、2 或 3 分评级。
- 买家在"运送时间"（Shipping time）一项给予了 1 分评级。
- 买家留下中评或差评。
- 买家要求退货，并且原因与"商品与描述不符"相关。
- 买家通过 eBay 退款保障（又称 eBay 买家保障）或 PayPal 购物保障开启了商品未收到或商品与描述不符的纠纷。
- 因卖家过失而取消交易。

1．评估期

评估日为每月 20 日，当过去 3 个月的交易量达到或超过 400 笔时，评估期为过去 3 个月；当过去 3 个月的交易量不足 400 笔时，评估期为过去一年。当评估期内的不良交易来自至少 5 位不同的买家时，会影响账号的优秀卖家评估；当评估期内的不良交易来自至少 8 位不同的买家时，会影响账号的合格卖家评估。

2．卖家不良交易率要求

对合格卖家不良交易率的要求：不良交易率不能超过 5%或不良交易笔数不超过 8 笔，未解决纠纷比例不能超过 0.3%或未解决纠纷笔数不超过 2 笔。

对优秀卖家不良交易率的要求：不良交易率不能超过 2%或不良交易笔数不超过 5 笔，未解决纠纷比例不能超过 0.3%或未解决纠纷笔数不超过 2 笔；年度交易量超过 100 笔，年度交易额超过 10000 美元。

11.3.2　互评机制

每完成一个订单，买卖双方都可以互相评价，评价包括正面（+1 分）、中立（0 分）、负面（–1 分）。这些评分累积后以客户等级的形式呈现，在客户信息栏用不同颜色的星星代表客户的不同等级。

11.3.3　平台重要违规行为

1．虚假出价

虚假出价的定义是，在以拍卖方式刊登商品时，通过亲戚朋友虚假出价以达到抬高价格的行为。在被判定为虚假出价时，eBay 会根据情节轻重给予卖家不同的惩罚，主要包括：

- 取消刊登的商品；
- 限制账户权利；
- 取消"超级卖家"资格；
- 暂时或永久冻结卖家账户。

2．高额运费

卖家为逃避交易费，将商品价格设低，将运费设高。

3．滥用关键字

使用和商品无关的关键字以吸引买家。

4. 违反知识产权

销售假冒或侵权的商品都会受到处罚。

5. 不正当取得信用评价

通过自卖、自买、自评取得信用评价。

11.3.4　搜索排序系统

eBay 的搜索排序系统标准被称为最佳匹配（Best Match），即推荐给买家的商品是买家真正想要的。

最佳匹配的影响因素包括：

- 近期的销售转化率；
- 拍卖类商品即将下架的时间；
- 服务评分的表现，包括商品质量、发货速度、物流时长、售后服务；
- 买家满意度；
- 商品的相关度，买家搜索的关键词与商品标题关键词的匹配度；
- 商品的价格和运费。

卖家需要迎合买家来提高最佳匹配排名，以下是可以优化的地方：

- 准确的标题、精美的图片、精准的分类定位、有竞争力的价格和优惠的物流费用；
- 做好服务和售后，提高客户满意度；
- 合理使用拍卖形式，并合理设置拍卖结束时间；
- 免运费。

第 12 章

Wish 平台介绍

学习目标：

- 掌握 Wish 平台推送原理
- 了解 Wish 平台买家浏览特点
- 学会创建店铺
- 掌握商品优化要素
- 掌握物流和售后规则

12.1　Wish 平台概况

Wish 是一款移动端购物 App，有 iOS、安卓、Web 三个版本，iOS 客户端的 Wish 平台首页如图 12-1 所示。截至 2016 年年底，Wish 平台注册客户超过 3.3 亿人，日均活跃客户有 700 万人以上，SKU 有 8000 多万个。Wish 平台商品推送的原理是，根据客户的注册信息和网络浏览行为进行分析，有针对性地把客户可能感兴趣的商品进行主动推送。

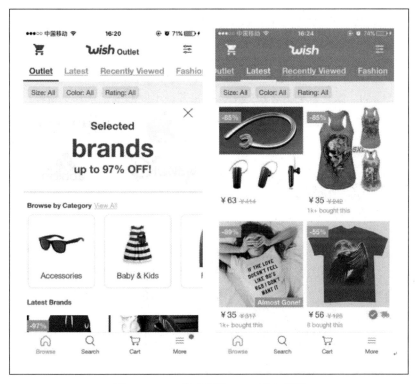

图 12-1　iOS 客户端的 Wish 平台首页

Wish 平台的买家端体验和其他跨境电商平台的买家端体验相比，具有自身的独特之处。

- 个性化定制：Wish 平台买家端首页有设置偏好的按钮，平台根据客户设置提供个性化页面展示。
- 客户需求的碎片化：大部分买家不是因为特定的需要才到 Wish 平台寻找商品，而是被兴趣引导才浏览商品。
- 时间的不确定性：移动端客户随时随地都可能打开手机浏览感兴趣的商品信息。
- 移动端屏幕界面：移动端适合使用简洁清晰的商品图片，文字排版应适合手机屏幕阅读，不适合放太复杂的商品介绍。
- 冲动的购买决策：因为浏览时间和地点的限制，使用移动端不方便比价和长时间考虑，所以购买决策的过程相对较短。

12.2 Wish 平台销售特点

Wish 平台有其独特的商品推送原理，卖家在 Wish 平台上进行销售和在其他平台上进行销售有一些区别。

12.2.1 商品推送原理

Wish 平台轻店铺，注重商品本身的区别和良好的客户体验。在商品相同的情况下，以往服务记录良好的卖家会得到更多的商品推送机会。

Wish 平台上推送权重最大的要素是标签（Tag）。平台根据客户注册信息，加上客户后期的浏览内容、购买行为，系统自动为客户打上标签，并且不间断地记录和更新客户标签，根据客户多维度的标签推荐客户感兴趣的商品。这些信息记录、更新、计算的过程都是由系统自动完成的。

12.2.2 类目和商品策略

Wish 平台上排名前五的类目分别是 Fashion、Gadgets、Hobbies、Beauty、Home。比较受买家青睐的类目普遍具有以下这些特点：商品种类丰富、更换频率高、容易产生话题。对于新卖家，在选择类目时建议考虑即将被拓展或有潜力的类目，可以避免激烈的竞争，为自己赢取更大的发展空间。

卖家在选择具体商品时，需要选择差异化的商品，因为 Wish 的后台数据算法会判断同一个页面和同一个卖家，重复或相似度高的商品就会被判定为同款，只推荐其中一件商品，其他同质商品就不再推荐了。在 Wish 上发布同质化的商品不会带来任何流量和曝光。

12.2.3 平台的流量特点

Wish 平台上 98%的客户来自移动端，主要以欧美地区的客户为主，北美地区的客户占比为 50%、欧洲客户占比为 45%。大部分流量是从 Facebook 等 SNS 网站引流到 Wish 平台上的，所以客户的互动性高，浏览习惯以兴趣为导向。

Wish 卖家可以使用 SNS 网站作为营销渠道，根据目标群体的兴趣，制造话题或策划活动来吸引客户的关注和参与，从而达到引流的目的。

12.3　Wish 平台运营

12.3.1　创建店铺

（1）登录 Wish 商户平台，单击图 12-2 所示的"免费使用"按钮，注册 Wish 会员。

图 12-2　单击"免费使用"按钮

（2）注册邮箱会收到一封从 Wish 发来的邮件，单击图 12-3 所示的"Enter My Store"按钮。

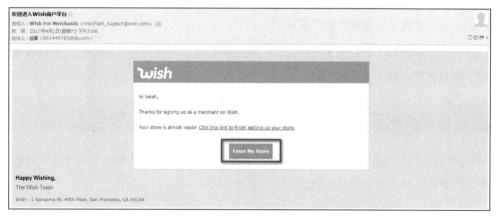

图 12-3　单击"Enter My Store"按钮

（3）打开创建店铺页面，如图 12-4 所示，输入相关信息创建店铺。

图 12-4　创建店铺页面

在创建过程中，如果有问题不知道怎样解决，可单击"查看注册指南"链接，如图 12-5 所示，在注册指南中查找解决办法。

图 12-5　单击"查看注册指南"链接

（4）提交商品信息进行店铺审核，店铺审核过程中 Wish 平台会给每家店铺分配一位客户经理，客户经理会发送一封邮件收集卖家的信息。

（5）设置配送范围。默认仅配送到美国，卖家可以在后台修改配送到全球。若仅设置配送到美国，则只能获取来自美国的流量。

12.3.2　商品优化要素

Wish 平台的商品优化需要多维度去考虑，完善这些细节，可以为商品带来更多的流量和曝光。下面列举商品优化要素的核心要点。

- 高质量的商品图片：因为客户使用移动端屏幕浏览，更多的是看图片而非看文字，所以对图片的质量要求很高，如多角度拍摄商品、商品轮廓清晰、画面简洁明了、图片数量不超过 6 张。
- 标题简洁：Wish 平台不注重搜索，所以不需要做标题优化，不用堆砌关键词，写标题的时候要注意简洁明确，包含必要的品牌名、商品名、关键词属性。另外，可以给商品特征加上一个描述词，这个描述词可以增强买家的感官认知。注意，标题不要带敏感词和侵权词。

- 认真填写标签：标签在平台推送中的权重很高，需要认真对待。标签最多可以填写 10 个，包含精准词、宽泛词、商品词、属性词，标签写得越精准，转化率就越高，在系统判断推送时所占的权重就越高。
- 商品描述简洁清晰：图片无法表达清楚的信息，就需要进行文字说明，文字内容要简洁明了、排版清晰，适合移动端屏幕阅读，尽量不要有 HTML 代码。
- 颜色和尺寸：Wish 平台对服装有一套官方尺码表，颜色和尺寸两个属性要仔细填写，有利于增加曝光。
- 价格策略：卖家可以对商品的价格进行设置，合理地设置价格对成交非常有帮助。比如，销售过程中需要降价促销，当价格调低后就会被系统监测到，每次商品降价，系统都会通知客户，所以首次定价可以比原价高一些，3~5 天做一次降价调整。
- 商品优化：抓住热点，了解热卖商品的关键字，对自己的商品进行优化和标签词的修改。
- 影响商品是否被系统推送的因素还有商品以往转化率、商品评价、物流时间、库存是否稳定。

12.3.3　店铺优化要素

Wish 平台客户是因为兴趣而产生了碎片化浏览，通常没有明确的购买目标，搜索权重在排名因素里占比很低。所以，卖家希望提升流量只能从以下几个方面着手。

- 上新频率：尽量保持高频率的新品上架。当有新品上架时就会有流量增加，如果每天有节奏地上新品，相对应地，每天都会有流量增加。
- 信息真实：库存要输入真实的数量，系统会通过卖家的发货速度及相关因素来佐证卖家的库存是否真实；商品信息描述也要真实，买家收到商品后，如果商品和网页描述一致，买家就会做出正向的反馈。
- 及时上传证件：与品牌相关的证件、证书等信息一定要在开店的时候第一时间上传，在开店初期，平台对提供了品牌相关证件类的店铺有流量给予，过了初期阶段，后续上传证件就不能获得相应流量了。
- 动销率：动销率指店铺已经产生销量的商品占所有上架商品的比率。动销率会影响平台对店铺其他商品的流量分配，如果新上架的商品一段时间后还是没有产生销量，就应该及时优化或下架，保持良好的动销率是获得平台流量的重要因素。
- 妥投率：接到订单后一定要快速发货，在价格能承受的范围内挑选速度快、运输时间稳定的物流公司。Wish 平台对部分国家要求必须有妥投信息，妥投率高意味着卖家的物流服务是有保障的。
- 退款率：退款率高代表卖家的商品或服务不能达到买家的要求，因此平台会把流量向退款率低的卖家倾斜。
- 客户评分：争取让买家给 5 星好评，客户评分是平台分配流量的重要因素。

12.3.4　物流和售后

Wish 平台很注重物流的速度，物流速度是买家满意度中很重要的因素，因此发货速度在系统计算权重中占比也很高。Wish 物流体系分为线上发货和海外仓物流，线上发货可以选择 Wish 官方渠道或第三方物流。

Wish 物流系统要求卖家在交易后 5 天内上传物流跟踪号，否则系统会自动退款给买家，在实际操作中建议在 3 天内上传物流跟踪号。商品妥投时间要控制在平均时长以内，如到美国的平均妥投时间是 14 天。

卖家需要注意以下关于售后的要点。

- 因缺货导致的退款率。因缺货导致无法发货是非常不好的客户体验，所以缺货的商品一定要下架，而不是仅把库存设置成 0。
- Ticket 处理速度和投诉率。买家有售后需求或投诉问题，是通过 Ticket 来呈现的，遇到 Ticket 时尽量在 24 小时内处理完毕。
- 回复评价。对于买家的评价，卖家可以选择公开回复或私下回复，所有买家评价都是永久性的，卖家无法删除。
- 退单率。因质量问题、物流问题、客服问题引起的退单，卖家应尽量避免。
- 退款退货。商家都是默认接受 Wish 平台"100%保证买家满意"政策的，即接受"收货后 30 天无条件退换货"条款。
- 发货时间设置。订单发出后 Wish 平台会要求买家做出评价，评价系统为 5 星，5 星最高，1 星最低。Wish 平台会根据卖家设置的发货时间来判断买家是否收到货，并向买家发出评价邀请。所以，卖家需要准确设置发货时间，否则可能买家还没收到货时就收到了系统发送的评价邀请。

12.3.5　平台费用

Wish 平台没有基础费用，平台按照每笔订单成交额的 15%收取佣金。例如，一件商品售价 20 美元，运费 3 美元，佣金是（20+3）×15%=3.45 美元。

另外，使用 PayPal 收款的情况下，PayPal 会收取一定比例的手续费，这笔手续费是单独计算的，详细收费标准可参考 PayPal 官方网站。

第 13 章

Lazada 平台介绍

学习目标：

- 了解 Lazada 平台概况

- 熟悉卖家注册流程

- 理解订单管理和卖家评级的关系

- 掌握平台的物流规则

- 了解平台的禁限售规则

- 熟知平台主要促销活动

13.1 Lazada 平台概况

Lazada 成立于 2012 年，平台在创建初期以自营为主，一年后逐渐向第三方卖家开放，转型成为电商平台，2014 年 5 月在新加坡设立总部。

2016 年，阿里巴巴集团投资 Lazada，成为该平台控股股东，Lazada 平台快速发展为东南亚地区最大的零售电商平台之一，覆盖印度尼西亚、马来西亚、菲律宾、新加坡、泰国和越南，目前销售约 3000 万种商品。Lazada 在韩国、英国、俄罗斯、中国香港等国家和地区都设有办事处。

Lazada 平台的类目涵盖汽配产品、生活用品、运动户外、婴幼儿产品、手表/太阳镜/珠宝、电视/音频/视频游戏/配件、媒体/音乐/书籍、时尚用品、玩具/游戏、电脑、相机、手机及平板、旅行箱包、健康美容、家居生活、家用电器共 16 大类。

13.2 Lazada 平台运营

13.2.1 卖家注册

跨国卖家注册 Lazada 平台后，将在马来西亚站首先销售商品，然后扩大到其他国家，如印度尼西亚、泰国、新加坡和菲律宾。卖家注册步骤如下。

（1）申请表格：在 Lazada 平台填写申请表格，并上传有效的营业执照扫描件，在线签署电子协议。

（2）激活卖家中心：卖家会收到标题为 "Registration for Seller Center" 的邮件，用于重设密码并激活卖家中心账户。

（3）参加培训：卖家收到标题为 "Get trained and pass the test" 的邮件，可选择参加 "线上真人入驻培训" 或 "自行观看入驻视频和课件"，之后进行入驻考试，入驻考试达到 85 分为通过。

（4）Payoneer 注册对接：卖家收到标题为 "Sign up to Payoneer to get paid" 的邮件，按要求提供文件并注册 Payoneer 第三方支付账户。

（5）1 个 SKU 通过审核：卖家收到标题为 "Upload your first SKUs" 的邮件，按要求上传 SKU 到卖家中心，至少有 1 个通过审核（审核通常需要 3 个工作日）。

13.2.2 商品图片

为了保证上传商品图片的质量，卖家需要注意以下几个方面。

- 图片背景：所有类别的商品均可使用非纯白背景，允许图片内含有生活场景、多场景和模特。

- 商品所占画布比例：允许商品所占画布比例低于 80%。
- 图片中的 Logo、水印、文字：允许图片中有 Logo、水印、文字。
- 赠品模板：可使用任何赠品模板。
- 商品裁剪：允许商品非全貌，但必须保证商品的主要特征清晰可见。
- 反光、倒影：允许商品含有反光或倒影内容概览。

Lazada 平台对商品图片尺寸和质量的要求详见表 13-1。

表 13-1 Lazada平台对商品图片尺寸和质量的要求

名　　称	必　　须	建　　议
图片数量	至少上传 1 张商品照片	上传 2~8 张商品照片
图片大小和分辨率	1. 图片最小为 500 像素×500 像素，最大为 2000 像素×2000 像素。 2. 分辨率不低于 72dpi。 3. 图片上的商品轮廓清晰，不可模糊、有噪点或像素化	1. 图片大小在 850 像素×850 像素以上。 2. 使用 1:1 图片比例。 3. 商品需占据画布最长边 80%或以上的比例。 4. 使用纯白色背景
商品视图	1. 商品主视图要清晰，不能被阻挡或覆盖。 2. 多种类、多角度和多颜色的商品可出现在同一张图片上，但实际售卖的商品及颜色需在名称或卖点中描述清楚。 3. 商品在包装之外展示，若未拆包装，需要展示清晰可见的商品图像。 4. 商品必须以正常的比例展示，不能比例失调	1. 展示商品主视图或 30° 视图。 2. 图片经专业人士拍摄，展示商品全貌。 3. 商品上没有人物或其他物品倒影。 4. 保持商品清洁，没有灰尘或指纹。 5. 商品外表面和材质清晰展示
其他	1. 商品图必须与商品内容相符。 2. 内衣、内裤、睡衣、泳装应考虑当地文化的敏感性，根据实际情况决定使用模特、人体模型或仅商品展示	图片没有水印、Logo、文字、图案

13.2.3　运营管理

1. 卖家评级

Lazada 平台每周更新一次卖家评级，根据前一周的平均权重计算，以 1~5 星代表卖家评分总绩效。影响卖家评级的因素有三点：准时发货率及分拣中心准时到达率、取消订单率、退货率，如表 13-2 所示。

表 13-2　影响卖家评级的因素

因　　素	说　　明
准时发货率及分拣中心准时到达率≥98%	在 48 小时内将订单状态更新成 "Ready To Ship" 的比率（不包含星期六、星期日及国家法定节假日），以及包裹在订单创建 7 个日历天内准时到达分拣中心的比率
取消订单率≤1%	卖家因以下原因取消订单的比率：缺货、未及时发货、定价错误
退货率≤1%	因以下原因在 7 天内退货（相对于妥投订单）的比率：发错货品、发错内容、零部件缺失、货品损坏、质量差

Lazada 平台的卖家评级会影响店铺销量，评分低的卖家有每日订单限量，即 OVL，OVL 初始值是 10 笔订单/天，当卖家评分高于 4 星时，有利于提高 OVL。

2．如何提升卖家评级

产生交易后要尽量避免取消订单，平台对订单取消有相应的惩罚措施。

Lazada 对于上一周取消订单率达到 50%及以上的卖家，要求店铺下线、卖家必须参加培训并提交行动计划，才能重新开店。在重新开店之前，卖家无法登录卖家中心。若被关店多次，则账号将被冻结，Lazada 会降低卖家评级的每日订单限量。

订单被取消的主要原因有以下几种。

- 在收到订单后的 48 小时内，卖家未能将订单状态从 "Pending" 更新为 "Ready To Ship"。
- 在收到订单后的 7 个日历天内，包裹未抵达分拣中心。
- 卖家因库存不足，无货可发。
- 卖家因定价错误，不肯发货。

Lazada 会针对订单取消的原因对卖家进行罚款，部分订单取消情况和罚款金额如表 13-3 所示。

表 13-3　部分订单取消情况和罚款金额

订单取消的情况	罚款金额
卖家未能在 48 小时内将订单状态更新为 "Ready to Ship"	5 美元/件商品
卖家未将订单状态更新为 "Ready To Ship"，并自行在 48 小时内取消订单	2 美元/件商品
卖家在 48 小时内将订单状态更新为 "Ready To Ship"，但包裹未能在 7 个日历天内抵达分拣中心	5 美元/件商品
因定价错误取消订单	5 美元/件商品

3．订单管理

避免订单取消的有效措施如下。

- 经常更新库存数据，确保店铺显示的库存是真实的。
- 及时发货，一定要在 48 小时内将订单状态更新为 "Ready To Ship"。
- 商品价格要以当地货币定价，不要以美元或人民币定价。

Lazada 平台的订单管理需要注意以下几点。

- 不要合并订单发货。
- 如果收到订单后 48 小时内没有发货，即使系统还未取消，也不要发货（之后会被取消）；已被取消的订单，不要发货。
- 买家付款方式为 "No Payment"，若买家选择的是优惠券支付，则要正常发货。
- 如果付款方式为 COD（现金支付），请不要发货，一定要联络香港合作伙伴支援中心。
- 务必从卖家中心打印 Invoice 和 LGS 物流标签，Invoice 随商品置于包裹内，LGS 物流标签贴在包裹上。

- 如果一笔订单下的多件商品分开发货，则为拆单发货，必须使用不同包裹和不同物流标签发货。

查看订单和销售数据的方法是，单击"卖家中心"→"Analytics"（数据）→"Sales Report"（销售报告）→"Orders"或"Sales"命令，并选择数据周期。可以选择任意周期进行数据对比，如图 13-1 所示。

图 13-1　选择任意周期进行数据对比

查看订单状态的操作步骤如下。

（1）订单创建成功，会显示在"Pending：All"（待处理）选项卡中。

（2）必须在订单创建后的 48 小时内在"Pending：All"选项卡中单击"Ready to Ship"（准备发货）按钮，将订单更新到"Ready to Ship"选项卡。除非没有库存无法发货，否则不要单击"Cancel"按钮。

（3）在包裹运抵分拣中心并成功出货扫描的下一个工作日，系统会将订单更新到"Shipped"（运输中）选项卡，订单状态为"In Transit"（在途中）。

（4）在包裹运抵目的地国家的物流中心后，系统会将订单状态更新为"Shipped"。

（5）在"Shipped"选项卡中，不要单击后面的"Delivery failed"按钮，否则即使买家收到包裹，Lazada 也不会结算付款。

（6）买家签收包裹后，订单根据物流信息自动更新到"Delivered"（妥投）选项卡。卖家中心的订单状态可能会延迟 2 天才更新。

图 13-2 所示为卖家后台订单管理界面的操作步骤。

图 13-2　卖家后台订单管理界面的操作步骤

只要订单状态为"Shipped"，Lazada 就会启动 LGS 运费计算；只有订单状态为"Delivered"，Lazada 才会启动付款。

4．退货管理

Lazada 跨境卖家所售商品必须加入"100%消费者保护"退货政策保障。当买家收到的商品与承诺不符时，买家可以在 7 日内退货并获得全额退款。

在 Lazada 平台上经营的卖家不需要直接与买家进行沟通，卖家的客服工作统一由 Lazada 平台提供。卖家不需要配备懂得当地语言的客服，不符合退货条款的退货要求会被 Lazada 客服拒绝。

退货成立的订单，买家退回的货物统一寄到 Lazada 仓库，再由 Lazada 做质检并退还给卖家。

Lazada 在印度尼西亚和泰国设置了跨境中心，用来处理投递失败和退货后仍可继续销售的商品。商品在印度尼西亚或泰国停留的四个星期中，如果商品被重购，将直接从印度尼西亚或泰国当地寄送；如果在此期间并未出单，则按照一般退货程序退给卖家。

要查看退货记录，可在卖家中心单击"Orders"→"Manage Order"→"Completed Returned"→

"Returned"命令。选择"Order Nr"（订单号），可以查看该订单的退货原因，如图 13-3 所示。

图 13-3　查看订单的退货原因

退货时如果出现以下情况，卖家可以向 Lazada 申请退货索赔：

- Lazada 平台未在 60 天内将货物退回至指定仓库（按照中国香港时间）；
- Lazada 平台错误执行而使买家未收到货物（因具体问题而异）；
- 商品价格高于 10 美元，但无法退回（换算为等值当地货币，商品价值为订单生成时的销售价格）。

13.2.4　Lazada 物流

LGS（Lazada Global Shipping）是 Lazada 平台提供的全球物流方案。中国卖家将包裹寄往国内的分拣中心，由分拣中心统一送往东南亚。中国的三个分拣中心分别设在香港、深圳、义乌。产生订单后，卖家应在 48 小时内将订单状态更新为"Ready to Ship"，并保证 7 天内将包裹送达分拣中心。

从包裹到达分拣中心到货物妥投需要 5~11 天，这段路程的物流由 Lazada 负责。当派送不成功时，包裹会被退回 Lazada 当地仓库，由 Lazada 当地仓库退回香港仓，包裹抵达香港仓后，卖家会收到退货通知，包裹从香港仓退回卖家，如图 13-4 所示。

当买家退货时，包裹会被退回 Lazada 当地仓库，由 Lazada 平台对商品进行质量检查，价值超过 10 美元的商品会被安排退给卖家，同样先抵达香港仓，然后退回卖家，如图 13-5 所示。

图 13-4　配送不成功的退货流程

图 13-5　买家退货流程

13.2.5　Lazada 收付款

东南亚买家的银行付款方式尚不成熟，70%的客户没有传统的银行服务，一些信用卡渗透率低于 5%，Lazada 平台根据市场特点为买家提供以下付款方式。

- Cash on Delivery（现金）。
- Credit/Debit Card（信用卡/储蓄卡）。
- PayPal/AMEX（贝宝/美国运通）。
- MasterPass（万事达）。
- HelloPay（Lazada 推出的支付工具）。

Lazada 平台卖家必须使用 Payoneer 账号进行收款。Payoneer 是 Lazada 的付款方案，卖家需要绑定企业银行账户。

商品妥投后，Lazada 每周向卖家提供财务报表，并按周付款到卖家的 Payoneer 账户。卖家可随时以当地货币提款到当地银行账户，款项处理过程需 1~3 个工作日。

13.2.6　Lazada 禁限售

1.平台禁限售商品

Lazada 平台禁限售的商品类别如下。

- 食品、食品补充剂、保健品，以及被列为国家特定禁售食品名单的商品。
- 电子通信设备。
- 毒品。
- 烟草、香烟和酒精。
- 医疗产品，包括传统药物和医疗设备。
- 武器，包括刀、枪、武器的任何组件、弹药、轮、墨盒、激光枪、指环、气体喷雾、防弹背心、腐蚀性物质和酸、核技术和大规模杀伤性武器。
- 烟花和炸药。
- 黄金首饰、铂金首饰和钻石。
- 成人出版物、报纸、需要审查的电影和成人玩具。
- 煽动性的材料。
- 含危险原材料的儿童和婴儿用品及玩具包，更多细节可参阅 FDA 标准。
- 盗版或仿制的商品。
- 动物和植物。
- 护肤品。

此外，不同的国家还有更具体的禁限售商品，如新加坡禁售口香糖，卖家需要了解清楚。

2.禁限售处罚

违反禁限售规则可能会受到以下处罚。

- 商品下架。
- 罚款。
- 限制卖家账户的交易活动。
- 账户冻结/所有商品下线。
- 提起法律诉讼。
- 报告相关司法机构。

13.3　促销活动

Lazada 平台的卖家可以在卖家中心页面看到促销活动介绍，并且提交要参加活动的商品，提交的商品由平台审核批准后可以正式参加。

获得审批通过的前提条件如下。

- 符合该活动对商品的特定要求。
- 价格有竞争力。
- 满足活动要求的库存。

Lazada 平台针对卖家的大型促销活动有以下几种。

- 2 月东南亚农历新年大促。
- 3 月 Lazada 周年庆。
- 6 月斋戒月活动。
- 7 月 Lazada 最佳品牌活动。
- 11—12 月年末大促，包括"双 11""双 12"大促。

电子工业出版社优秀跨境电商图书